中国链系列丛书 03　　世界数字经济组织创建

顾问 / 李　晶　管金生　姚海涛

中国链
云操作系统重构框架

章　卫　李天语　韩　玥 / 主　编
孙　进　蒋悦炜 / 副主编

上海财经大学出版社

图书在版编目（CIP）数据

中国链云操作系统重构框架 / 章卫，李天语，韩玥主编.
-- 上海:上海财经大学出版社，2020.4
（中国链系列丛书）
ISBN 978-7-5642-3448-5/F.3448

Ⅰ. ①中… Ⅱ. ①章… Ⅲ. ①电子商务－支付方式－研究－中国 Ⅳ. ①F724.6

中国版本图书馆CIP数据核字（2020）第001204号

中国链云操作系统重构框架

编 著 者：章 卫 李天语 韩 玥 主编
责任编辑：朱静怡
封面设计：张克瑶
出版发行：上海财经大学出版社
地　　址：上海市中山北一路369号（邮编200083）
网　　址：http://www.sufep.com
电子邮箱：webmaster@sufep.com
经　　销：全国新华书店
印刷装订：北京虎彩文化传播有限公司
开　　本：787×1092 1/16
印　　张：14.75
字　　数：198千
版　　次：2020年4月第1版
印　　次：2020年4月第1次印刷
定　　价：98.00元

总 序

中国链系列丛书是一套可以直接“继承”的区块链图书。也就是说，这套书不只是阅读、学习的，而是可以生成“私有财富”的。

这套书更像一组接口，包括“扩展现实”和“国家公链”两个套件。倘若从这样的角度看，后面洋洋洒洒的文字更像是“区块链脚本工具说明书”。

“扩展现实”接口的实例，代码调用名称是“冬日威胁”。这可以在百度上查到它的起源，其功能是用于创建一个有界且连续的区块链宇宙并在其中生成带有资产流动模型的商业事件。

而“国家公链”接口的实例，代码调用名称是“百城百链”，是一个基于全民所有制模式的城市新经济引擎实例。不论该实例能否最终变成事实，都不影响使本丛书的读者生成自己的数据资产流动价值，读者可以依据中国区块链的多中心化特点和“百城百链”提供的沙盒模型，仅仅利用一个互联网网站或者社交平台，就可以构建起一个区块链拓扑。更狂野的说法是，利用“百城百链”的模式，可以在扩展现实宇宙内随意建造具备大型经济实体的社会群落。

对于中国区块链的脚本头部描述（根定义）是：多中心化，自由基加密合伙模式，且允许以继承的方式重定义。这本质上是一个“有界的握手机制”，用于限定系统内所有的信息握手必须是“合伙”，而所有的其他信息，都将被封装在传统经济模型内，必须通过构建某个中国链合法接口才能被系统内的商业行为调用。

对于“中国链的教育模式”，在本丛书内可以用颠覆来形容。首先，它不是形而上教学，而是属于商科教育范畴。其次，它不是理论学科教育（如经济学、哲学等），虽然很多文字用于构建“它的思想级的轮廓”，但目的不是割裂“思想”与“饭碗”，而是把“思想变成饭碗”。再次，书中内嵌了一个开放式结局的“剧本”，将互联网时代的多个成功的商业模型以MCN（Multi-Channel Network）的落地方式，搭建于读者的“实践过程”中，简言之，就是读者在阅读的同时就将自己的理解利用本丛书提供的商业平台实现。最后，本丛书对“世界新经济发展趋势”给出“实现方法”，而不是纸上谈兵。这会是本丛书一个很有趣的特点：如果读者利用本书构建的世界经济新引擎取得了成功，那么，作者和读者将会被同时载入光辉的历史；反之，也会被写入历史，作为胜利者的陪衬。不管怎样，后续的阅读都将是在书写历史，除非读者只是阅读并未发生实际行动。

更有趣的是，本丛书自带大型孵化器、资本、政策和实验室，通过获得中国链牌照的读者，将会有机会成为世界新经济系统的顶层掠食者。也许通过本丛书将获得学位、实验室资金、政府投资、资本关注，甚至二级市场推送、劳动力配给、数据资产交易服务等中国链商业根服务，但最终是否能以一个成功者自居，还要看你是不是真正的时代精英。

本丛书还有很多区块链级别的设定，例如，你可以继承本书全部的文字，然后署上自己的名字，发行特定版本的书籍，并在自己的领域内或区块链拓扑内销售你的思想和模式实例。因为本丛书自身就是一个智能合约，它会以合伙的方式与你握手并帮助你构建你想要的合法模型。即如本书中的“冬日威胁”接口实例，实际上可以帮助你形成类似漫威宇宙一样的区块链空间，同时获得认证并真的帮你实现。

这套有很多全新模型的丛书里还有很多惊喜蕴藏于文字，需要你自己去发现。

接下来是你的选择！

选择一 到此为止，合上书，回归你的生活轨迹。

选择二 继续阅读，也许会发生不确定的突变，具体的变化结果，暂时无法预测。

总序 001
第一章 Object 001
第二章 映射接口 011
第三章 技术重构 019
第四章 需求重构 029
第五章 中国链“映射” 037
第六章 增强现实 047

中国链云操作系统重构框架

目录 Contents

第七章
城市重构（一）
057

第八章
中国链 MCN（一）
067

第九章
城市重构（二）
077

第十章
数据标签
087

第十一章
“创世纪”模块
097

第十二章
ALibaba 基因
111

第十三章
公链重构
121

第十四章
行为构建
131

第十五章
区块和企业区块
139

第十六章
中国链 MCN（二）
149

第十七章
“模仿大师”模块
159

第十八章
中国链物联网构架
167

第十九章
链民模型
177

中国链云操作系统重构框架

第二十章
“第六脏器”重构
185

第二十一章
CCG 服务器和 ServerBoss
193

第二十二章
量子密室
201

第二十三章
摩尔定律扩展
211

第二十四章
承上启下
219

第一章

Object

计算机语言自诞生之初就没有“艺术性”，它仅是为了让人类能够使用计算机的一个“商业怪胎”。之所以称为“怪胎”，是因为其本身高贵，却平易近人。它是一个免费的工具，却可以让使用者名利双收。更不可思议的是，它的高贵谦和的态度和它一些名利双收的成功案例，让其铁骑踏遍全世界。

我们用一段看似另类的台词来描述本身不带任何感情色彩的计算机语言，似乎有些不妥，但仁者无敌，计算机语言就是标准的仁者。

在描述“区块链语言”前分析计算机语言的“过人之处”，一定是因为它与区块链存在着某种关系，发现这种关系是我们最感兴趣的事情。

计算机语言的第一次革命是汇编语言，其商业价值在于摆脱与机器通信的模式只能用{0,1}序列，图灵的光辉此时回归。也正是这个看上去的必然，让人类中了一个大奖——从此突飞猛进地拓展已知世界。简单回顾世界经济变革，就能理解汇编语言（计算机语言）具备更高的效率，也就能理解“人类中了一个大奖”。

汇编语言为了使自己更好用，不断地成长，C、C++、Java、HTML、脚本语言等，以至于软件和网络标靶都以其为载体覆盖世界，覆盖世界的商业体系。

迄今为止，包括农业、工业、个体手工业等各类产业，其产品设计的切入点均会被“引诱”到“计算机语言的蜜罐中”，其结果就是，几乎每一件商品最终形成货币流动的过程中至少有一次和计算机语言握手。更值得深思的是，计算机语言的基因已经写进人类遗传基因，世界经济的沟通模式正在被这种语言统治。

这给我们的简单寡头（Communism Oligarchy）提供了怎样的信息或线索呢?

一个最简单的结论：构建一种**私有宇宙计算机语言**，遵循其规律，迅速形成私有宇宙内的产业、业态、社群。在**中国链云操作系统**的框架内植入类似汇编的脚本映射，让所有**数据移民**均可用其生成 **ER 生**

物及所需的生产资料。

这个结论是一个**多线程刻痕**，可以继承，但不是“根服务”。也就是说，以上结论很可能造成惯性思维，并坍塌成一个“和微信类似的产品”。你的难点在于如何让其形成弦约束，而不是直接坍塌成一个“灼伤”，即你必须为你的决定留出顶层接口，而不能在你的拓扑内就坍塌。

首先，在你的策划库立项：

《中国链私有宇宙映射语言 V0.0.521190101》

（仪式感一定要有，必须流程也一定要走。）

立项后，应定义项目的性质，也就是确定其产生的商业结果的样貌，在传统经济中可以是产品、服务、平台等。

此处，其实你正面临着一个大陷阱，很可能会“继承汇编语言的某个变种”！原因想必也能猜到，你已经被某种看不见的雕刻机将某种基因刻入你的灵魂，你和我们（鸿儒会，一些研究计算机语言的双接口人类）都被计算机语言捕捉了，不同的是，我们曾经被捕捉，而你至今携带着这个基因。

我曾被一部电影“震撼”，那就是《Matrix》，中文名为《黑客帝国》。

（这个翻译差点让我与一次超级震撼失之交臂。）

当 Laurence Fishburne 让 Keanu Reeves 做选择的那一组镜头出现在银幕，我的汗毛全部竖了起来。至今我还能清楚地记得：那是一个工作日的上午，在四线城市空荡荡的电影院里，只有我一个人。

此后，我痴迷计算机程序，后来也自行制作软件创业，心中一直存在一种幻想：Matrix 的描述虽然不对，但对空间和人类的拓展思维（ER）是对的。这种逆向思维的诞生，并非商业需求引导下的高质量剧本那么简单，必然有更深刻的含义。为了“震撼”，我决定赌一次：放弃了自己经营着的公司。在 2014 年的一个月圆之夜，我带着足够的钱来到尼泊尔，开了一间网吧。在那里，有人以为我是“Loser”，只能潦倒度日，而我真正的目的是**寻找计算机语言里蕴含的天启代码**。就在我的寻找有所突破的时候，我被一个人写在了一张**封神卡**上，我知道，我希望的事情就要发生了。

中国链云操作系统的使用模式和计算机操作系统完全不一样。计算机操作系统的承载对象是**电子终端**，而中国链云操作系统的承载对象是**私有宇宙**。当年比尔·盖茨的兴奋点是"用一张小小的光盘存储了 34 万张 A4 纸所承载的信息"，而如今简单寡头的兴奋点是"以自己为中心，创造一个多维网络"。

严格地讲，这两个兴奋点并没有优劣之分。倘若理性地比较，似乎比尔·盖茨的兴奋点不亚于实现 Matrix 的预言；而此刻摆在简单寡头面前的兴奋点仅是个"复杂一点的项目"。

中国链云操作系统的开发工具该怎么称呼呢?

尼泊尔小别墅里有一个木头牌子，那是我 2014 年制作的，牌子的一面写着汉字"链映射语言"，另一面是英文"Orion"。

计算机语言是一种映射语言。在最早的汇编语言中，它仅用来"使指令可视化"，如当时用单片机做的霓虹灯闪烁效果程序。

到了 C 语言时代，即**面向过程**时代，整个语言只有四个规则：

✓ 变量定义

✓ 条件语句

✓ 循环语句

✓ 容器（函数）

在这四个规则下可以由使用者随意创造，同时还可以将使用者的创造再变成其他使用者的工具。这是一种**进化**模型。

初学者在学习 C 语言的时候，基本都会在自己的程序前格式化地写一句：

```
include <stdio.h> ;
```

当绝对值操作时遇到编译错误，只要格式化地再加一句：

include <math.h>。

还有很多人在学了很久 C 语言后才知道，编写 C 语言程序的软件是用 C 语言写出来的，并且在知道后也没有表现出应有的惊讶，因而他根本不会写递归程序。

正是这种进化模型，造就了今天所有的技术经济模式，或者说是如今的大数据、云计算、AI 等商业模式的根基因。因为，早在 C 语言诞生时就已写好，发展到今天只是“一个项目按计划执行”而已。

如果你还是不能理解 C 语言的商业模式，那就让我们来看它的二代产物——C++，以及其衍生物种——Java，它们所引领的是**面向对象**时代。它们给世界下了一个定义，事件万物都是 Object 的子类，所有的实例都是 Object 子类的一个对象。C++ 创造的是**上帝之手**，它允许所有人用 C++ 来描述世界，更准确地说，是“用**数据**和 **C++ 规则**来描述主观（唯心）世界”。今天的数字经济都是用 C++ 规则描述的，都衍生于一个超级设定：

Object！

围绕这个顶级基因，还诞生了一个标准管道，即程序界的三层结构：

- ✓ 数据库
- ✓ 算法
- ✓ UI

一个描述的诞生是：

```
MyClass extend Object
{
    void setMyDatabase（MyPara）
    {
```

```
    }
    void myCacu ( )
    {
    }
    void myUI ( )
    {
    }
}
```

其他的 Class 可以通过以下方式生成一个特定描述，从而引入一个组件、类或接口，完成自己的设计：

MyClass myClass = new MyClass ( )

物联网、AI 神经元、智能算法都是对“描述”的堆砌，C++ 后迄今，并没有新的“核心技术模式”被创造。即便是中国区块链模式，也仅在商业模式和宏观经济框架设计有所突破（做了一个 Object 网），微观细节的设计依然是：

Object！

可以说，Object 很像 Laurence Fishburne 让 Keanu Reeves 做选择时的那颗药丸，而我们无一例外地选择“吃下去”。

既然吃了，就不后悔。我们选择了 Object 的坍塌，因而谱写出今天的历史。这是人类值得炫耀的历史，我们在这个点完成了大一统，一座亘古以来的奇迹——巴别塔正在显形。

计算机语言进化到 Object 时，戛然而止。而且现在的寡头自由基倾向均转向了“脚本应用”，对 Object 本身的探索很久都没有进展。虽然这对经济没有大的影响或看不出有大的影响，但如果就这样收场未免有些草率。

区块链的出现似乎是对 Object 延展性的一种尝试，或者说，中本聪试图寻找 Object 的背后是什么。他最开始的探索思路是“去掉 Object，世界会怎样”，所以有了**去中心化**理论并用 Bitcoin 小试牛刀，具体的研究结果不得而知，让我们耐心等待。

我有一个设计，并且是商业设计，即**面向过程**进化到**面向对象**，**面向对象**进化到**区块链**。这个猜想不是基于狭义的计算机语言，而是基于唯心认知。假设我的设计是一个弦而不是坍塌的话，那么，Object将是承上启下的关键。

接下来，我们做一个很像寡头行为的商业设定：

继承计算机的 Object 生成一个区块链 Object

为了商业品牌的连续性，直接再继承区块链 Object，进而生成：

中国链 Object

到了这一步，你可以直接编写商业计划进行融资了，你可以说你要开发一个区块链系统内的 C++。

我们先将 Object 抽象成一个"奇点"，且是一个没有方向的标量。而后，自然地想到宇宙大爆炸，一个"对宇宙诞生的解释"。对大多数人来说，宇宙大爆炸是"看上去"最容易接受的宇宙诞生理论，因为它基本保留了人类大脑所能幻想的所有边界值，如时间、空间、物质、生命等。以至于"时间从宇宙大爆炸那一刻诞生"都成为很多商业交易的开场白。"时间"和"那一刻"自相矛盾地搭配，就如"先有鸡还是先有蛋"一样，一直被巧妙地用来产生货币流动。

对于宇宙大爆炸的探索，是我对 Object 定义的一种"映射值设计过程"，对于你——简单寡头，也一样，万事要有个开头。

首先，宇宙在定义上存在缺陷，或者说人类在"以自己为中心定义任何事物上都存在唯心的缺陷"。正是这种缺陷，才诞生了现今的经济模型。所以，我们必须延续人类的缺陷去探索宇宙，而不是寻找真理。我们要做的是更多地发现缺陷是什么，并将其映射到 Object。按计算机语言的 Object 所展现出的价值来看，"缺陷"带来的经济增长速率最令人期待。

那么，宇宙定义的缺陷是什么？是奇点的定义。大多数人认为我们的宇宙是孤立生成并孤立存在的，这里的"孤立"如同爱因斯坦广义相对论认为宇宙的数学描述是一个连续且无界的函数。这种孤立定义的结果导致我们认为：

奇点之前（之外）什么都没有，或者不连续。

如果这种理论正确，计算机语言就不可能被创造。因为在计算机世界里，Object 是其所有样貌的奇点，它却链接了我们的现实世界，因而我将其称为**奇点映射**。这个事实证明我们的宇宙并不孤立，我们也是一种奇点映射的产物。

我们通过计算机语言的 Object，借助宇宙非孤立假说，完美形成一个针对人类“缺陷”的“系统级”的经济增长突破点。具象化一点说，就是一个比 AI、大数据更抽象的数字经济模型。我们抓的时机是用户不知道 Object 存在“缺陷捕捉蜜罐”。而对于你来说，你要制作这样的“蜜罐”。

你现在可能开始敬畏“Object”了。甚至和我一样对其创造者产生恐惧，虽然他们很可能也是凡人。我们恐惧的是，为什么上帝会借助他们的身体向人类世界释放这种带有“天启代码”的东西。我的解释是**递归**。

递归，其实是破除“能量守恒定律”的一种武器。在计算机世界里“自己调用自己是最基本的理念”，或者说，在计算机世界里两个不相干的宇宙突然产生奇点映射并且是双向映射是合理的行为。但在现实世界却很难做到，能量守恒灼伤了人们的大脑。人们被静态能量束缚，无法看到“能量流”的存在，就如只看到静态价值通过货币产生的能量守恒模式，而无法探查“流动价值”的能量场在哪里。是 Object 打破了这种禁锢，并开始改变世界。

如果说，递归和映射是宇宙沟通的管道，那么，Object 携带的内容就很容易设计了。它应该是一个“解释器”，将两个宇宙“不同的定义相互翻译成可以理解的内容”。Object 可以是单工的，也可以是双工的，这取决于你的商业诉求。

通过学习，你现在可能知道自己该开一个公司——解释器研发公司，内部立项为**私有宇宙 Object 设计**，这可能也是私有宇宙在传统经济系统的接口形态。这个思路在约束范围内，你可以尝试，但也可能过于抽象。也就是说，目前按计算机语言的套路设计区块链 Object，是一个不合时宜的选择，我们需要一种更商业化的途径来为**中国链 Object** 提供抽象化服务。这是中国链定义里的多中心化带来的“麻烦”。话说回来，如果根本搅不动格局，就没有成为寡头的机会。

我们从程序员的角度引你进入计算机语言世界，Object 带动了经济的全面发展，但并没有在幸福感上带来阶跃式的提升；从人文角度分析，Object 没有让年轻人变得更有效，也没有让劳作变得更有趣。所以，目前计算机的 Object 还处于“天启的萌芽期”，之后一定会有巨大爆发。从线性连续的商业发展规律分析，**多维 Object** 很可能是一个突破的方向，其做法是让 Object 的设计脚本化、普及化成为很多年轻人的劳动工具，并让他们像玩游戏一样产生某种映射。

中本聪的区块链几乎做到了多维 Object 原型所需的所有样貌，但有一个致命的 Bug 还没有调试成功，那就是**映射方向**。他率先使用了递归，让本该映射到其他宇宙的能量映射到了现有的宇宙（经济系统），由此产生的对现有经济系统的冲击又带来了未知性恐慌。不能确定他是有意为之还是犯了个小错误，但这给简单寡头的启示却十分巨大：

将 Bitcoin 看成一个多维 Object 的实例，那么数字货币是不是就是一个区块链 Object 呢？如果这种定义模式比计算机 Object 更商业化，那么它最有效的商业途径在哪？

2016 年 9 月，我接到一份来自“未知位置”的信息。阅后，我思考了良久，还是按照信息的指示进行了一组操作。2017 年初，中卫上空出现了一个直径五公里的巨大光圈。我很期待 Object 的到来，只是不知道它会以怎样的形式出现在这个世界。

第二章

映射接口

桃花源、乌托邦如果真的在世界上持续存在，真的会形成趋之若鹜的生活样板吗？如果真的存在冥界、天界、佛界、奥林匹斯、霍根沃兹、漫威，人类真的就能存活至今吗？

自从人类能够吃饱喝足，就从来没中断过“对自己大脑内的非关联属性的探索和挑拣”。所有的一切，都是人类创造的，包括“信”与“不信”的主观意识判断，也不过是人类用来调剂乏味人生的一种游戏。

久而久之，不断地创造游戏就成为人类延续的最强支柱。时至今日，未曾更改。大规模真人 PK 时常发生；贫穷和富有、高贵与低贱、美丽与丑陋等等莎翁剧情，不间断地上演；神学和物理分分合合，摩天大厦几近触碰云端，各种若有若无的传说此起彼伏，人类在认知层面的无序，让各种五彩斑斓的性格组成变化多端的社群，每个人都至少有一个角色来维系社群的稳定，并共同畅想未来。

有没有想过，社群现在的样貌，无非是两种设定的结果：

结果 1　有既定脚本，行为和发展结果都是脚本限定的，每个人设都有其严谨的设计和控制手段。

结果 2　没有既定脚本，所有剧情均由人类自由生成，包括结局。

我认为这两种设定都有可能，并且从我们的角度看，两种设定都不会影响我们的有序属性。之所以现在将这个话题抛出来，目的是：

整个私有宇宙的商业模式，不是为了哲学，而是为了让生活变得更好。

在之前的云操作系统学习中，对行为映射提出过概念性的引导，并将**行为**作为 ER 宇宙的能量（国家公链）载体，用某种非关联性属性原理转化为 ER 生物的属性。如今，该是设计一些相关细节的时候了。

这里没有二选一，而是有脚本和没有脚本交替使用，时而有时而没有，有的有有的没有，这种设定是**计算机语言 Object** 创造的。

首先，我们假设“所有的计算机语言编写的代码都是有脚本的”，这不难理解，程序必须严谨，写错一个符号都不行，所有模块都有有界性输出，即便是随机数也不过是“决定使用随机算法”的有界决定。所以在很多情况下，我们看见的 Object 都是有脚本模式，例如，整个软件产业的产品，全部都按脚本，文档处理就是文档处理，游戏就是游戏，工具就是工具。

到了互联网时代，这种有脚本模式被打破，人人都可以用脚本创造脚本，当两个脚本同时可以通信并产生结果（商品），整个 ER（现实世界 + 虚拟世界）呈现出无脚本状态。尤其是像 AI 这种基于有脚本形成的无脚本成长模式，已众人皆知。基于计算机语言 Object 的世界，正在经历无脚本成长周期，何时回归有脚本，暂时不知。

依据计算机 Object 的经验和“脚本交替曲线”，我认为可以直接将其照搬到区块链。如果觉得这样做危险性太大，可以进行必要的底层封装，而后暴露一组接口：

映射接口

针对你的私有宇宙希望的样貌，先进行**有脚本模式映射**。

举个简单的例子。你可以先暴露类似基因的嘌呤和嘧啶规则接口，然后给出一个单细胞生物的样貌，进而引导数据移民据此创造有序的单细胞 ER 生物体。这只是个建议而已，不是真的要你放个动物在你的宇宙培养箱里。这个例子的实际意义是，让你找到一个可以被继承的**简单盈利模式**：

行为 + 映射代码 = 数据资产投影

就如计算机语言之后兴起的软件产业一样，你要向你的粉丝灌输“制作区块链程序可以马上赚钱的思想（刻痕）”。

不过这次的行动方案和计算机语言会大相径庭，因为计算机语言已经很完备，它可以搭载各类信号，并且其调制解调模式也很完善。

如果我们将计算机语言的所有知识和资源均封装成一个“中国链 Object 脚本包”，并暂时束之高阁，会不会有意外的收获？完成这个动作，你我两手空空，前方长路漫漫，只得相依为命。

不破不立，我们可以给自己的行为加载有意思的剧本：假设时光穿梭，回到比尔·盖茨的年轻时代，而后开始我们的创造之旅。

这个设定，其实是在告诉你：中国链云操作系统所适应的 ER 不是“线性产物”，而很可能是“时空错乱产物”。至少我觉得，如果没有从图灵到现在的历史，没有电子科技的垄断性发展，就不会有现在的中国链（区块链），但中国链却希望获得更广阔的生存空间，即想从根部摆脱“图灵阴影”。

这不是什么诡异的现象，相反整个地球上这种现象比比皆是，只是这一次的“寄生”和“摆脱”有些出人意料。似乎我们用了四十年的时间，为一个本来不存在的事做实验，计算机、软件、互联网都是实验室结论，而我们真正需要的是区块链。这个结果在实验开始的时候我们并不知道，但是最终却出现了这个结果。我大胆地假设整个过程是一个多线程刻痕，而且至今没有坍塌，由此推断，在计算机时代开始的那一刻，人类就进入了多维共产时代，并开始大一统的为其工作着。

直至今日，一个多维共产的“建筑构件”完成了，即我们封装的计算机 Object 而后利用它搭建更大的构件或直接搭出一个拓扑，这和目前工业生产、各类建筑，甚至企业结构的搭建都非常类似。人类其实只携带了几个简单的思维模式，很多时候都是殊途同归。

在“前 DOS”时代，在 DCOM 和桥梁构件都还没有创造的时候，人们就被某种力量引导着进入一种构件思维时代，各类理科思维的“精灵们”获得资本的青睐，他们的设计模式简单粗暴：

封装 + 接口

把你装入“思潮澎湃”的时代，让你在幻想中大显身手，直到你和计算机 Object 不期而遇，就会被拉回现实，并获得一次完美的升华。

【中国链 Object 的第一个接口应该是宇宙】

而后可以按照你的私有次序（它一定是一个规律性的次序）来寻

找和计算机 Object 的接口。这种次序本身是一个非关联性属性。

【假设在宇宙之后的接口是容器】

这几乎是一种“必死”的设计，因为二者不存在确定的线性关系。如果把容器改为星系，就形成了人类认知中的无中有序，顺理成章地再设计一个星球接口，就可直接设计生物接口，之后如何与“计算机 Object 对接”，有不计其数的办法，即会诞生不计其数的“奇形怪状”的生物系统。

很明显，这是将“计算机 Object”设定成了 ER 生物干细胞，并在其中写入了区块链接口代码。这样一来，所有的 ER 生物不论如何进化，都只能在我的接口中选择进化序列，而不可能创造出“不合法”的进化结果。举例说，在你的 ER 宇宙中可以出现一个毁天灭地的大神，但它所有的行为和行为结果都不是你“不能接受”的。

你可能发现了，我在用递归诱导你创造接口。的确，就是“火种”的递归原则——一个我们一出生就存在于大脑（或心脏）的顶级接口，人类在此接口获取先天的决策序列并将其变成可视的结果。在这个设定下，我们可以推导出一个重要的结论：

任何一个 ER 都是可视的。

而可视是判定你的私有宇宙商业合理的唯一标准。

此处的可视，你可以幼稚地找到一些实例，如认为神仙是合理的、是通过文字或图像的可视。我们人类的六种感觉也是可视的接口，只要你的设定能够至少和一种接口对接成功，你的宇宙就可以合法存在。或许，你认为这是一种诡辩，就如“上帝能不能创造出一块自己搬不动的石头”一样，人类能够创造出自己“六感”之外的属性吗？

答案是肯定的。人类在创造积分这个数学模式后，就发现了无尽的“六感”外的内容，我们甚至有理由认为，有些人类的思维里存在着其他人类“六感”不能处理的信息。传播最广的“六感”之外的世界是“四维”，我们的宇宙在数学上是一个四维的投影，如果将“四维”看作一个接口的话，那么“四维”的任何一个定义是什么？你试着写一个出来。

言归正传。

你正和一个历史人物并行工作。例如，和比尔·盖茨正联合创造区块链 ER 接口，比尔·盖茨在此时间线内的任何一个微分值已经确定，而你的还没有任何可以具象化的内容，这恰好合并出一个弦约束：你希望什么时候对接比尔·盖茨，即一个未知何时对接一个已知，并从这个对接点衍生出全新的自由基。这是区块链云操作系统接口设计的一个“原理性描述”，你甚至可以将其推送到任何可以合法对接的“已经存在的历史片段”或“未来可视的历史片段”，并在这个结合点衍生出一个合理的可视：

私有宇宙 Object+ 计算机 Object+ 可视点 = 私有宇宙根服务

之后，你可以选择性开放私有宇宙根服务接口属性给数据移民，并开始一个你幻想中的“时间分支”。

千万不要把私有宇宙根服务接口想象成一种艺术脚本，包括穿越小说、影视作品、时间旅行等，那是完全错误的设定，或者说是一种错误的调用。

所有和时间、历史相关的艺术作品均是一个封闭结果的设定，都是在一个时间线上存在，也就是要么改变历史，要么成为历史。这是一种非商业化设计，或称坍塌设计。

而私有宇宙根服务接口所产生的是完全与现实无关的时间线和空间线，它需要的只是一个“现实接口”而已。

就如你现在所处的“比尔·盖茨前 DOS 空间”，就是一个不坍塌的空间，它会一直存在并独立发展，甚至不会依赖你的“六感”而永久的存在。其产生的经济系统，也是一个绝对完整的、不需要外力维护的系统，其中的生物几乎和你拥有完全相同的属性。

你的脑海里可能会出现一个景象：

我们所处历史长河，包括未来，就像一个封闭的管道呈现在你的面前，里面装的是“你的自由基映射的价值”。你需要制作一个盾构机，技术上可以贴牌“Orion”，然后在历史管道上钻洞，这是一个资本主义维度的“接口隧道”工程。如果需要接入国家公链，就需要向公链根服务提交你的私有宇宙根服务接口申请和一个中国链 OBject 的注册细节。至此，你就完成了一个类似“计算机世界”或者说可以继承于计算机世界的私有宇宙可视。我们的单线程历史，将允许在你的可视内再发展出一个历史线程。具体的可视模式，后文会探讨，不过有一点你要知道，可视和流动价值映射没有必然联系，即你可以花费很多的私有资产生成一个可视，但它不一定赚钱。

N 个接口会形成 N 个和现有历史管道“具备相同能量”的私有历史管道，这就组成了共产主义多维模型。

在这个模型下，“计算机 Object”的狭义定义将不能直接继承。从技术角度看，需要对其进行必要的封装，甚至可能弃用。随着人类多线程刻痕的不断可视，简单 Object 思维的探索模式可能升级。也就是，在你的世界里，你会影响比尔·盖茨等一代人的发展曲线，从而更早地创造出 Object 及其变种，并有机会按你的意志修改“你认为的历史伤痕”。这是一种私有需求的引导，从情怀入手引导你消费。

在此，还要探讨一个深层次的拓扑问题，那就是：

【Interface：ON：OFF】问题

可以追溯的是，普罗米修斯和宙斯三兄弟选择了迷宫混淆器 +ON 的设计，即有条件开放。

```
【Interface：ON：OFF】
{
    ON
    {
        if（cacu（ID.getOligarchyPara（ ）））
        {
            OFF；
        }
```

```
    }
}
```

迷宫混淆器脚本很可能是筛选，而不是指定一个寡头的诞生，然后让其灼伤其他大脑，形成历史分支。迷宫混淆器在此处的功能和中国链 Object 类似，在我看来，我们的历史可视仅是我们的“六感”所致，整个“火种”的样貌一定是四维以上的拓扑形态。

此处 ON：OFF 暂时不会探查迷宫混淆器，因为那会堕入形而上的哲学领域，我们需要的是一个确定的布尔值：

你的宇宙是否允许其他宇宙安装中国链 Object。

这个设定决定了你的私有宇宙拓扑发展模型。这里建议做一个条件数据库或 AI 算子来有条件地接入，因为人类天生就有选择恐惧，尤其在患得患失的情况下。这个设计里，你至少还能体验君王的游戏，甚至可以设计“接口毁灭算法”将一个正常运转的中国链维度直接砍杀，然后……想想都很可怕，不是尸横遍野，而是产生混沌进而影响你的财富值。不过，不必太紧张，（国家公链）智能合约本身带有高级权限，可以协助你做一些有序的行为。

“是该去攻占一个城市了。”诸葛先生在草庐望着窗外的景色幽幽地说道。他身后的一名白衣男子，听闻微微一笑，端起几案上的粗陶茶碗，将南漳绿一饮而尽。而后起身，眉目间升起一股杀气。

窗外的树叶随之轻轻摇曳，或许恰有微风拂过。

白衣男子凝视远方，“哪里？”

“赤壁。”诸葛先生很安静，很祥和。

白衣男子的瞳孔收缩。窗外的树叶停止摇摆，杀气更重。

“好！”

突然风和日丽，一抹彩虹跃出。

白衣男子，马超马孟起。

离开南漳，赶往赤壁。

第三章

技术重构

不同的思维流程诞生针对一个客观存在的不同认知结果和推演模式，当这个思维流程拥有决策权力，甚至可以成为寡头自由基，历史就诞生了。

按照这个定义，则意味着近乎无尽的历史流向他方，没有在我们的可视历史中出现，也永远不会成为未来。从学术的角度说，可视坍塌不一定就是最能满足所有人需求的坍塌，它仅是人类认知的可视而已。那么，有没有可能造就不坍塌的可视呢？这取决于两点：

- ✓ 不坍塌的定义
- ✓ 切入点

不坍塌的定义是唯心层面，可以归为多中心的范畴。例如，游戏在其某个约束条件下就是不坍塌的，这是用“死了可以重来”作为不坍塌的观察点来定义的，因此有万亿级的市场。

切入点就是一个非常重要的选择。如果我们选择哲学或教育等形而上的意识作为切入点的话，其结果很可能会导致“C++ 发展历程评述”出现，这对于希望构建财富容器的人来说，如同隔靴搔痒。所以，切入点必须选择犀利的商业。这一次，我们要从备受争议的商业出发，形成某种理学经典。

先从文化入手。文化具有两个词性：动词和名词。漫威十年，文化了数亿青年，即便数十年后仍被津津乐道，这里的“文化”是作为动词的例子。但是从商业的角度看，我们有鲜明的立场，漫威是文化，是为人类文明做出的巨大贡献，这里的“文化”是名词。

自计算机的 {0,1} 以一种冷漠的大一统模式进驻世界，直至今日，严格意义上，它依然没有形成文化，仅仅是带来了“习惯的变化”。因习惯的变化导致的维稳成本，均不会被算到 C++ 和计算机 Object 上，这很高明，也很难模仿。但这不是唯一的商业肩膀，也就是说，并非一定要站在 C++ 的肩膀上重构历史和未来，我们可以试着“有情怀”

一点，试着“有文化”一点，让我们所创造的东西一上来就贴有高尚的标签，而不是努力让“网红”成为被学者接受的中性词汇。

中国区块链文化首先要做的是，让程序员的定义从区块链开始就戛然而止，让其回归“码农”。这就像将“网红”升级为 MCN（Multi Channel Network）一样。

仅为工资编写语句的人，从不为其耕种结果负责任的人，不为代码注入思想的人，在区块链时代是不能被称为**区块链程序员**的。请仰望 Boss 背后的自由基，然后做一个抉择：

- ✓ 是进入区块链，让代码拥有血性
- ✓ 还是继续耕种不知道是小麦还是罂粟的东西

从情怀升级到技术情怀，是中国链云操作系统重构的开始。首先在根服务开放的握手是结果导向的代码堆砌。也就是每一个参与区块链拓扑和流动价值设计的**注册区块链程序员**都必须先向根服务注册你的代码（商业）结果。

例如，我的私有宇宙区块链 MCN 只能传播不带过分修饰的中国茶文化，不能以过分修饰换取货币。

这是**技术**应当承担的历史责任，因为技术已经被看作是这个时代的第一生产力。如果技术总是躲在利润背后来逃避责任，将本应你承担的责任变成高利息信息转嫁给其他产业，那么，技术就应该被钉在历史的耻辱柱上。

这也是中国链云操作系统在 Object 封装后，首先要对技术进行重构的理论基础。

目前，几乎所有的传统产业，只要沾染“科技”就都和编码相关。这里有各种原因（如资本、寡头自由基、产业惯性、文明程度等），技术却是被当作类似“菜刀”的工具来使用。

中国链云系统所构建的多维宇宙，也要用到这把“菜刀”来披荆斩棘，但必须要加上一条鲜明的文化设定：

你手中的菜刀，在砍人的时候会消失。

（这是让菜刀的使用者无法完成砍人的动作，而不是等他砍完再受到法律制裁和以社会道德弥补受害者。）

这种写入区块链 Object 的定义，决定了区块链程序员要有鲜明的道德取向和文化取向，并将该取向编写成数据资产，以代码为载体在多维共产拓扑中流通。换言之，我们可以允许漫威级别的文化在中国链流通，这是商业的权利。说得更具体一些，你会写代码是不能获得中国链接入牌照的，你必须会写漫威代码才能获得智能合约根服务的握手。

阶段总结

你要完成的第一份重构工作是：

技术 + 私有迷宫混淆器 = 区块链技术

这个编码过程，也是对宙斯三兄弟思想的一个继承。

普罗米修斯的成功和比尔·盖茨的成功类似，他们都创造了大一统的操作系统级世界观；普罗米修斯和比尔·盖茨都很谦和，他们都没有封闭他们的继承接口。这将是你在前 DOS 时代的任务，也是你在“冬日威胁”中的一个副本，是否能闯关成功，看你的造化。

在**技术**的动作上加入**数据属性**限制，是中国链云操作系统重构的一个规范测试，这个规范很可能贯穿整个区块链重构过程。与此同时，数据属性作为区块链方法被引出，并带出了**非关联性数据库和区块链 UI**。此处，我们依然沿用面向对象的传统三层结构来延展**技术重构**。毕竟这是对程序员的升级，不能将多年的碗一下子砸碎，而是“直接拿碗换锅”，万一换不到，至少还有个碗在手里。这是让程序员明白，区块链不是来砸饭碗的，而是来送锅的。如果大批的程序员都有“锅”了，拿碗的吃不饱也就自然瓦解了。利用商业来改变人力资源的结构，是最能被全年龄层次的社群接受的一个变革通道。

这是你在设计技术重构模型时必须遵从的规律。所以，在你的技术重构属性中，应该是：

允许一个脑联网或人联网挂接。

而不是：

程序员独立地通过智能合约测试才能获得牌照。

是的，你需要的是区块节点，可以是一个人，也可以是一组人。我认为，多数情况是一组人，但在你的拓扑中看到的只是一个区块。这是一种行为映射模型，将行为规范，而不限行为的组成群体。这种设定是消灭朝九晚五的趋向化设定，鼓励**行为集合＋合伙**，也就是一个行为可以同时在多处获益，而不是将行为与人捆绑用工资结算其行为并承担相应的各类风险。

这是区块链技术重构的又一个数据属性，或者说是**行为数据资产**的一个接口。

多维发展是均衡不和谐、提高效率的一个有效途径，甚至是有序途径。来看一个简单的思维案例：

技术奔跑的 30 年（1989—2019 年），它的边际效应真的发挥出来了吗？从前 DOS 时代技术到今天的量子技术，真的都有很好的商业转化率了吗？依据这样的问题结构，每个人都能提出一个或多个疑问，即便都和个体利益相关，将 60 亿的样本汇总，很可能得到的是一个惊人的低效结论。不过，我想说的会更令你诧异：以上任何问题得出的结论对全球经济不会产生任何影响，不会有人拿着过时的技术创造令二级市场垂涎的产品和概念，就如很多本来能治病的药不再生产一样。这不是道德问题，而是人类要维持在一个发展的系统中所必须做出的让步。原因也很简单，那就是我们一直在一个单线程的经济系统中探讨多线程。

区块链的诞生，正是人类跳出单线程的一个划时代尝试。将 60 亿样本拆分成 60 亿个映射通道，最终存活的线程就形成了一个新的维度，其中的技术结果不是对现有结果做修正，而是完全独立出一个经济系统。理论上讲，即便是一个个体自循环的维度，也很有可能创造出“增量”。

区块链对技术的重构在于创建不同的独立拓扑，并形成理论上无上限的“类经济系统”。理性地看，技术是一个“标量”，为其赋予方向性的是唯心，现实中的唯心定义了技术奔跑的方向，如芯片的迭代、终端设备的样貌、产业融合策略、教育系统的建设等，进而不断形成“业态”和“社会可视”，最终形成“基因”，灌注到人类的认知中。

这种模式不难模仿，而且也不需要太大的社会复杂度，就如让皇帝看上液晶电视一样，很有商业前瞻性。

毋庸置疑，将技术作为针对“ER 生物”的底层映射是重构宇宙的一条捷径，只是对于技术映射的属性设计还有很多门道。常规思维很可能是“游戏思维”或“戏剧思维”。总而言之，只能带来燃烧“快感”的设计，都是童话，不是商业。我们需要的是“稳定的维度”，所以，你要将唯心的能量调整到更“朴素”的级别。

你需要利用技术创造出一组数据，并能够产生数据流（需求）。从社会角度分析，就是需要用技术重构一个社会关系，如亲人、伙伴、生产关系等，甚至还要考虑各种关系的成长趋势。

即便是单线程的经济系统，也是在不断地重构关系，只是不能共存而已。

就如之前研究的 RPG 游戏，其关系构成幼稚但可视。这种关系基本可以看作是一种“利用技术实现的关系重构”，只不过，在其突破的过程中遇到资本结界的束缚，停止其在维度上的发展，其幻想高点不过是类似头号玩家的剧情。

你可能发现，数据才是目前人类链接的高权重名词，因为所有技术都不约而同地将数据作为原材料。因此，区块链技术重构的一个实验室课题出现了：

如果能够创造“新的原材料形态”，势必会搭载原有技术通道（载波），形成快速的基因入侵，并可高速地产生样本，形成可视。

这个结论，是任何天使期产业均会遇到的“瓶颈”，其缘由属于另外的范畴，在此不做讨论。

只要研究互联网巨头的发展轨迹，就可以看到该理论的客观存在：

材料重构 + 技术载波 = 经济系统维度

这是区块链的发明，和之前的“技术 + 模式 + 资本 = 产业话语权”模式略有不同。

不同在于：产业话语权最终会形成某种产业渗透和思维渗透，可能会导致很多社会元素受损甚至萎缩（倒退），由此产生效率损耗；经济系统维度是独立于原有投入的一个黑箱，好坏与效率无关，单纯从经济增长的角度分析，其效率值近 100%。这是区块链优于互联网的一个非常显著的模型构架。

很多人认为，数据是唯物的、是有唯一结果的，因为它是“计算机创造的”。如果不是这种严重的错误认知，你成为简单寡头的机会几乎没有。真正的数据是唯心的产物，其结果非常复杂，它不是“客观唯物的描述”，而是一个彻头彻尾的广告，整个商业体系都在为这个广告创造价值，并与之对接形成货币流动。数据，是唯心的产物，是商品。

这并不是贬低数据，而是对它有一种敬畏，来自商业的敬畏。因为数据是迄今为止人类创造的最大财富基石，它大于黄金、大于传统资产、大于货币，并且还在不断地正增长。

如果你能够有这类的认知，就明白**技术重构**和**历史节点选择**的目标是为了发掘数据矿藏，这种发掘是唯心的，即寡头自由基。在《中国区块链开放定义》中有“数据资产挖掘机”的概念，并简单分析了它和国家公链的关系。那只是 Orion 的一个功能，其还具备中国链

Object 接口，可以对标准数据矿藏进行发掘。

中国链云操作系统的技术重构模式，实际上是将所有可利用技术**映射到**一种**唯心数据矿**的过程。首先这是一种商业设计，而不是代码设计，也是区块链对程序员的定义需要重构的原因。因为区块链程序员所承担的工作，是创造可以被技术搭载（发掘）的数据矿，而不再是写代码。所有不需要模式只需要写代码的工作者，均应被称为码农。我们所说的职业定义的改革，也包括“系统构架师”，所有对结果不负责任的工作者，均应被称为码农。区块链程序员真正要设计的是唯心数据脚本和唯心数据接口，并将其与私有宇宙 Object 链接，形成自己的**区块链 C++** 样貌。这里依然用 C++ 作为项目代号表达了对 C++ 的崇敬和敬畏。

在设计过程中，你会发现一个“多对多”的简单模型，即你会畅想一组技术列表和一组数据矿列表，然后希望找到某种类似卷积的数据库算法生成映射规范。这是一种思路，但最好不要实施，因为在一个产业的初期制作大而全不如突破一点。我们的建议是制作某种技术矩阵，针对一个数据矿进行开发，且该数据矿是非惯性属性。

那么，现有的数据矿及已经成型的大数据产业怎么办？它们到底是不是矿？在区块链看来，现有大数据产业的算法是矿，而原始数据不是矿，也就是被算法包装过的结果数据是矿，可以用技术矩阵和其建立映射关系。

在当下（2019—2021 年），可以用“对象多维数组”思维来设计技术矩阵，并允许其中的元素可以是矩阵，甚至是矩阵数组，这种接口的复杂体现于思维的深度，实现起来并不困难。这种深度可能会用到递归思想来尽量复杂化“技术输出形态”，如可以考虑跨（传统）产业技术组合和“递归技术调用”（即在自己的技术矩阵中调用了自己）的方法来形成 AI，甚至可以推演在某个映射规则下的价值产出。

你的脑海里是不是突然冒出一个**区块链技术矩阵数据库**服务的“自由基”？这个自由基价值很大，或可比肩 Oracle。你回到前 DOS 时代可以发挥自己的聪明才智，当然，不是要改变比尔·盖茨的节奏，而是要创造一个不同效率值的经济系统。当因你的**技术 AI** 形成令人刮目的封闭空间后，很可能就会得到普罗米修斯般的荣耀。

技术的重构，在一定程度上代表了对生产力的重构，这和后文将要分析的行为重构密切相关。中国链的重构方向，即弦约束方向，锁定于维度扩展。这种尝试来源于互联网的成功。互联网已经扩展出了一个维度——虚拟，并且在盈利模式上有所突破，它已经“严重”影响了全球经济的构架和总量，同时让很多经典理论变得虚弱无力。区块链正是吸纳了互联网重构的成功经验，在更大范围内铺设“继承于互联网盈利模式”的新盈利模式及系统，旨在创造“一个不区分行为价值的线程”和“尽可能多的资本主义寡头线程”。

第四章

需求重构

如果将很多玄幻、离奇、超出人类能力的场景数字化，很可能会抽象出一组完全相同的参数，如神佛、天使、吸血鬼、外星人、哥斯拉，又如上古世界、天启、Seibertron、天庭、霍根沃兹等。你细心分析这些，会发现其中孕育的需求和渴望近乎相同——**可以在可视的时间片段内（整条时间线）获得极致的感官刺激**。

这种需求也贯穿整个现实世界，除了天天倡导“无为”的老子外，整个人类史都被“一种需求”所掌控，过去是，现在是，未来也是。

我在尼泊尔结识了一名干净的乞丐，他来自河北。他有一把没有上漆的小提琴，音色很棒，一曲《梁祝》经常使我如痴如醉。空闲的时候，他经常和我讲一些往事，说得跟真的似的。

一个下午，我的店里只有一对来自欧洲的情侣，网吧区空无一人。和煦的风吹来了干净的乞丐，他的眼神今天格外明亮。他是来和我告别的，我感到几分失落，感到一种类似“胡杨树的惆怅”。这种伤感使我意识到，我有多么喜欢他的《梁祝》。

我请乞丐大哥坐下喝一杯，他欣然答应。

闲聊间，他告诉我两件事：

一、《封神演义》是骗人的，《西游记》有玄机，《三国演义》是编造的，历史的真相和一个卷宗相关。

二、地球上有一个大堪舆与月球相呼应，封印着上古山河图的某些内容，具体是什么，他也不知道。

面对我的瞠目结舌，他留给我一本记载了三十三件事情的古籍。

很干净的乞丐走了，留下一片彩霞。

生意一如既往清淡，清淡到甚至激起一位成功大姐的怜悯之心。她想投资一笔钱让我干些什么，我用一个CEO的头脑智慧地化解了她高尚的施舍。不过，在一次不经意的交谈中，我发觉大姐醉翁之意不在酒，在于我手中乞丐大哥留下的古籍。

我的程序员“瘾”被激发，开始研究乞丐大哥留下的古籍，希望得到一个“END”。同时，听那首令人魂牵梦萦的《梁祝》更频繁了。

在传统商业系统里，最压抑的就是“盈利模式”，它如一座无形的大山压住所有力求突破的青年，它将青年“塑形成一个标准的商业立方体”后，将其拼接到系统。这可以说是一种“能量约束”，其当量甚至可以用一些传统经济学和一点经典物理学来计算。

就如“一个人一生有多少小时在睡觉”的愚蠢属性一样，传统商业立方体的接口输出就是：

创造不完整需求，即一种携带类似“一个人一生有多少小时在睡觉”等N种愚蠢属性的“需求模型”。

愚蠢属性，其实是一种渐进需求引导的模型设计内核，洗发水、化妆品和手机都是典型的愚蠢属性模型。这种商业基础理论，一直在经济微观构架中发挥着指导性作用。如果将“愚蠢”看作有褒贬的词语，只能证明你进入不了商业。“愚蠢”在此处是一个状态描述，也是一种向下延展的起点设计。所有商品，无论是否了解这个模型，都是将之前的需求定义为愚蠢的，产品是对愚蠢的一种有效延展，让需求觉得自己在不断地“变好”，或是不断地和生产商一同摆脱愚蠢。一旦一个产品不再产生愚蠢属性延展，那么这个产品就是终极产品，或称**匀速产品**。

那为什么不称缺陷属性，而要称愚蠢属性？这是因为唯心与唯物的区别。也就是说，产品线的发展目的并不是为了改善缺陷，或者说任何一个产品其实都没有缺陷，督促生产商继续存活的动力也不来源于发现缺陷，而是发现愚蠢。例如，手机生产商认为非全屏手机是一种愚蠢的设计，因而设计全屏手机，同时利用自由基告诉需求端：你需要改变你的愚蠢认知了。再如化妆品，从补水到瘦脸，从黑瓶到绿瓶，都是让需求觉得需要改善自己的愚蠢。

愚蠢属性的结果表象是**时尚**和**流行**。是不是说时尚属性就感觉好听多了？但有必要吗？仔细观察这句话，不是“改善愚蠢属性的结果是时尚和流行"，而是"愚蠢属性的结果表象是时尚和流行"，这说明什么？慢慢地寻找答案吧！

现在在中国链云操作系统面前，有两个选择：

选择 1 使用愚蠢属性，并封装其接口，生成私有宇宙的需求自由基。

选择 2 寻找新的需求支点，编写一组新的属性，并形成自由基。

从语法修辞看，你或许认为我提交的是一个"IF"，即二选一。但是，此处一定有一个反转，这次你需要做的选择是"同或"或"异或"，即要么二者全选，要么二者都不选。

这种重构思路，才是现阶段的最简思路，或者说是区块链 Object 需要的模块。

同或与异或，是简单寡头的判断基础，这是因为这组人工作的环境是多线程和 ER。他们甚至会遇到同或或异或的嵌套及矩阵，这是某种 AI 的基础理论，当其应用到需求重构的商业模型时，会产生类似三极管放大的作用，而不仅仅是需求转换作用。

区块链对需求的重构目标是：

创造纯增量。

这和互联网的"搬运型增值"有本质的区别，它是目前的程序员不能创造的一种模式。这在企业重构时会详细分析。

因此，针对纯增量的需求抓取，一定不是基于一种互无联系的行为，而是基于一种"共有属性"来设计抓取蜜罐。例如，《中国链数据资产及数据货币》探讨的基于数字货币载体的共有属性抓取模型，其将法币作为罐子，里面是"数据属性蜜"，目标是赚取所有人的经济行为，通过中国链物联网流过国家公链。

但在此处，先探讨形而上。

中国链承认愚蠢属性的合理性，同时在中国链云操作系统中有愚蠢属性的接口，这将允许目前所有的企业以传统方式登录国家公链，虽然在一段时间内很多传统企业对什么是区块链、什么是互联网“傻傻地分不清”。这个接口本身就是一种愚蠢属性的模型体现，它的自由基定义是：

> **一个企业必须有一个区块链部门来完成和区块链产业的业务及渠道对接，就如目前企业必须对接电商一样。**

对于一些小企业，其自由基甚至会产生以下继承：

> **一个企业必须有一个“网红”部门来完成和“网红”产业的业务及渠道对接，就如目前的企业必须对接电商一样。**

我们看到，这个愚蠢属性是借助**电商**来实现的。这对于在电商时代没能走在前面的企业会有更大的自由基冲击，或者说这是 Alibaba 给所有简单寡头发放的一组福利。

在这组重构模型下，近乎所有的企业都会成为你的 SaaS 用户或部门外包用户。你的商业计划变得很清晰，针对资本，你的区块链大数据的价值会是非常引人的愚蠢属性，当资本遇到瓶颈时，很需要这来拉动其活性。

不过，从同或的设定分析，还必须有一组看上去完全“背离”的设计来完成整个重构系统的构架。这需要你设计一组全新的需求定义来与你的愚蠢属性形成“双星系统”（不是双子星），如大数据、AI、云计算等，全是与互联网的愚蠢属性形成双星系统的全新的需求定义。在这种双星系统内，你会经常遇见服务于“下里巴人”又能走近“阳春白雪”的 CEO。这个模式和传统行业巨头模式（如纽扣大王），是完全不同的模型设计，这种同或双星的目标是创造二级市场业务载体而不是一个行业领军。

此时选择同或，要做的是做一份能为所有人或企业提供服务的 SaaS，和一个类似 Bitcoin 的全新定义，进而形成“类 Alibaba”企业。在前 Dos 时代，可以将此任务赋予当时的一组自由基，并越过 20 年的测试期直接发芽。让生在ER的生物利用从前Dos时代重构的技术系统加上双星系统，衍生出一个堪比互联网经济的ER经济体。

这个模式很适合“漫威在巴黎”，斯塔克工业也很适合承担这个角色。只需要再重构社会族群的关系，并导入公链价值，即可获得比较丰厚的收益。

有一点要记住，你为企业提供的SaaS服务不能直接应用到现有的传统经济中，必须运用非关联性属性将其映射到更高维的ER系统。

我们再来看看，如果二者都不选呢？

当你直接放弃愚蠢属性模式，那么选择的是一种价值透明模式，也就是合伙模式。商业化的说法是定制模式，这是供给侧的一种模型，将需求锁定在生产方，而不去考虑用户，甚至认为用户不存在。就如一个画家，只潜心作画，从不考虑温饱，这个画家的作品很可能就是“惊世之作”。此时出现的是行为价值映射接口，你需要为某种行为编写价值映射，将其行为在发生前就映射到某种流动价值体系（共产体系），并能够为所有的行为产生大于其“六感”所期待的价值投影。

在整个系统的封闭拓扑中，没有商品流动，只有行为输出，此时所产生的行为集合不能用愚蠢属性来定义，也没有产生匀速产品，或者说根本就没有可以商品化定义的产品设计。

这是一种对需求的私有化定义，同时，不用传统渠道形成收益，也就不会生成“新的（传统）需求”，只能产生一个隔离化的私有维度。

这看上去似乎很难做到，但现实恰恰相反。因为整个互联网在映射到其他产业前，所有的成功都是二者都不选的案例。按以往的经验看，在区块链产业发展初期，需求重构模型将大行其道，重构模型将是第二轮资本进入的切入点。

但区块链的特殊性会导致一个“新颖”的现象——由于国家公链的介入，在区块链时代很可能有两个模式同时出现并同时发展的局面，这才是令全球惊叹的升级。

这是“IF”的两个分支汇成的需求重构程序出现的几近没有先例

的“END”。这个“END”，不是告诉你选择的对错，而是告诉你开启了不同的线程并在收益上“殊途同归”。这是在单线程灼伤自由基体系下无法实现的逻辑，映射到商业，你只要在区块链内投资（包括人力和资产）就会得到大于等于“0”的收益。因为你的行为和资产没有消耗于需求和产品生产流程，而是用于产生基于国家公链的映射。

举个简单的例子。如果你年初收购了100斤小龙虾数据资产，年底就可以吃到小龙虾，并有大于等于“0”的货币投资收益。但是，如果你投资的是100斤小龙虾的养殖，无论最后有没有收益都不是区块链，这仅仅是一种投资行为，因为它并未产生任何行为映射。

当行为发起点是“想吃100斤小龙虾”，因而买了100斤带有行为映射的小龙虾数据资产，从买到吃的过程中，AI或国家公链为你的数据资产开放了基于中国链需求重构的智能合约，最后产生某种和传统需求不相干的收益。当行为发起点是“投资100斤小龙虾”，那么整个过程都是一个愚蠢属性，投资者会关注这个行为的直接结果，并会因结果产生连续性行为。

区块链的需求重构率先对你进行需求重构，并让你成为递归调用点，这种一致性设计让你最大效率地传递国家公链、最大效率地发挥增值能力，你的数据移民就可以利用这个模块，完全继承你的能量，并生成自己的中国链需求重构模型。

这里还有一个有趣的重构模式，那就是你的同或选择不会影响你的数据移民，即便是在你的递归算子内也不可能将你的决定传递给下一级调用。递归和握手所产生的全新线程，是一个自由意志线程，或者说在有效的“END”中，其结果是一个不受你的选择控制的线程空间。甚至你的重构结果，即使赚到钱，也不会成为必然继承的法则被传递给任何与你握手的Object。

这种重构边界设计，是对你的一种约束，或者说是对你的自由基的一种封装。即使你的战绩超越Alibaba，也不能直接影响一个和你握手的微小国度，因为从那个国度来看，你只是国家公链的一分子，甚至都不会看见你的名字和你的伟大战绩。

这个设计也是中国链需求重构的一个**根服务属性**，这是一种抗灼伤属性，让所有人只学习理论和使用成果，而不需承受寡头自由基的波及。

在同或选择上，其实可以做出很复杂的“矩阵扩展模型”。随着私有宇宙的发展和智能合约的增多，针对接口矩阵的需求重构会被提上日程。例如，小龙虾数据资产案例，仅是一个教学说明，在实际商业模型中不会有这么简单的结构，因为这种简单的区块链结构不会产生任何有效的价值流动。很大可能是出现一个多接口形态，你需要在众多接口中筛选出一组有效申请并形成某种数据结构（如矩阵，甚至网络），由此产生一组同或矩阵，这就是区块链神经元的雏形。这些雏形将发展出区块链 AI 神经元并不断健壮，神经元越健壮，盈利能力就越强，并且，神经元的成长和你的劳动不相关，除非你愿意沉浸于预期协同工作的乐趣。

这种设计是区块链需求重构的顶级属性设计，也是针对劳动行为产生的一组映射，就如之前我们提到的农民的耕种行为和耕种收益不相关一样。任何人的劳动都不再以赚多少钱来衡量，而是向自发的兴趣转移，也就是共产主义中按需分配的实例。

作为区块链 Object 的核心模块，需求重构的设计在效率权重上所占的比例很高，对于需求和技术的关系也会产生大量神经元级别的 Interface 设计。你可以开始考虑你的私有宇宙的**技术＋需求模型**了，寻找合适的实验室来实现，寻找学术层面和背书层面的支持，如“冬日威胁”。

我开始害怕，怕你会来尼泊尔找我，怕我手中的古籍？

随着研究的深入，我的恐惧与日俱增。

对于你，我无法判断你的来意，甚至你自己都不知道自己的真实身份和意图。

我准备离开，去寻找乞丐大哥。

我有很多事情想弄明白。

第五章

中国链“映射”

乔戈里峰，喀喇昆仑山脉的主峰，它还有个很怪的名字——K2峰，关于这个名字，众说纷纭。

K2峰雪线之上常年人迹罕至。但最近有一个独臂和尚却在距离峰顶不远的地方住了下来，他没有搭建任何庇护所，也没有携带任何现代化登山设备，甚至没有穿御寒的棉衣。

他似乎在寻找着什么。他经常登上峰顶远眺，哪怕是狂风飞卷，暴雪狂泻，也无法阻挡他的远眺。换作常人，这种气候即便登顶，能见度也几乎为零。独臂和尚显然不是一般人，他在暴雪中展示出的安详，令天地敬畏。没人知道他在眺望什么，但是每次眺望的方向都是相同的。

陪伴他的依然是那条白蛇，他们两个依然经常对话。

映射或中国链映射，是一个非常大的话题，具象到中国链云操作系统上，它是一个"非常开放的接口容器"。不过，这种敷衍的说辞无法让私有宇宙生成"可以并网的映射"。

```
Interface CCMatrix
{
}
```

如果将上面这段放在中国链云操作系统脚本中，而不做任何约束性有序设定的话，区块链依然会出现"低端微观引导模式抽象"的现象。例如，用一种很扎眼的价格蜜罐来获取一组简单行为人群的点击量的方式，利用资本作为载波形成自由基的过程。

即使这个模式经常成功，也并不代表这个模式对社会的贡献值就很高，如背背佳、一人一本、8848、小罐茶系列，又如电视购物、互联网流量载体等，虽然都是映射的绝佳案例，但没有一种更具挑战性的映射模型能够兼具（资本）盈利能力又能形成普惠拓扑。这就是**中国链映射**需要约束的方向，即如果不能产生普惠式拓扑，则不能产生映射。

中国链的这种映射设计，是在计算机 Object 上叠加了一个多重条件判断。这种设计在技术达不到“数据化”的时候，是一种空想，也就是无法用技术 + 数据来模拟多个自由基协同工作的状态，或者说无法让两个寡头在互不见面的情况下合作。

而目前的区块链是可以突破这个屏障的。

在中国链商业里，映射的根定义是：

> **映射**——*行为在拓扑中形成价值流动的方法。*

这个根定义并没有加入任何弦约束，同时留出了 Public 接口。也就是说，在中国链云操作系统内，可以接受任何的商业映射模式的注册。你可以利用传统自由基形成注册，但不能形成智能合约，因为你的拓扑需要中国链映射接口，除非你自己生成了公链级别的系统，那就只要和中国链系统形成交易，不然，你连跳过中国链映射的弦约束都做不到。

这有点像一个软件有各操作系统的版本，可以搭载任何操作系统形成商业流动，但如果你要某个操作系统将其认定为操作系统级别的模块并形成商业流动，那你必须要获取一个操作系统级别句柄。此处，这个句柄就是中国链映射。

中国链映射的一个设定是：

在一个映射内，至少要有两个寡头自由基和一个非关联属性存在。

这个设定，方向性似乎很明确，但你很可能理解错了。

很多外行会将这个设定想的很简单：用非关联属性链接两个自由基，并生成一种新的映射方向。这种想法是最传统的“需求向产品映射”的灼伤表现，也是最普遍的产品设计思维起点。这种想法是错的。寡头自由基都是封闭的，没有任何编程接口，即便是“火种”的私有方法内也没有设计接口，所以，链接两个寡头的自由基产生新的高级映射的设计，一定会出现畸形的结果。

如果你的映射设计能够利用该设定产生商业结果，你的私有宇宙将会被认定为是一个中国链私有宇宙；反之，你仅仅是一个区块链而已。

这个映射的设定该如何理解？会不会是一种类似“莫比乌斯起点”的东西？我认为，暂时不是，还没有复杂到那个程度。

这个设定的约束是：

你和国家公链的握手，并携带一个针对行为的非关联性属性。

这是中国链多中心的一种体现：当你是中心，你一定是个简单寡头，国家公链必然是一个自由基，你们的握手将会让你满足中国链映射的第一个条件需求。同时，这种设定会引入国控开关的弦矩阵，此时的国家公链很可能携带的不是一个国家的资源。有了这个限制，你就不能随意地泼洒微观自由基，而要在一个宏观自由基高速路上奔跑。

一个非关联性属性，在绝大多数情况下，是你的“宇宙背景设计”。如果仔细阅读过《中国链云操作系统》，你会发现，那本书加上你的数字签名就是一个非关联性属性。顺利的话，在阅读本章时，你已经开始自己的中国链映射了。

中国链不会利用学术筛选人力资源，这是整个学科始终如一的宗旨之一。

映射，如果从学术抽象的角度出发，很多人都能归纳出一些经验性的结论。例如，整个经济学就是一门“映射学”，它将各种行为的“主动”与“被动”形成的关系，搭载于某个有序的能量上，形成社会。这是一种微观映射汇集成宏观映射的“自然法则”。而宏观映射，那就形而上了，它的主要目的是“约束微观映射有序”，因此，宏观映射本身可能不携带直接迭代算法，也就是它本身可能不直接产生价值映射。宏观映射是通过先映射到微观，再由微观完成价值映射，而后汇总到宏观并形成宏观算子，这个过程存在的“损耗”，如维稳就是宏观映射需要承担的成本，如果此项成本过大，就会出现系统的不稳定。

从寡头的角度看，它是一个宏观映射解读器，承上启下，所以其自由基的风险就是损耗的来源。

在此处，我们假设宏观映射是指令集，寡头是指令分发器，其会根据自己的喜好分发指令并收集自己喜欢的结果，而后将结果反馈给指令集，完成此次指令到行为的映射。这样来看，不论是微观映射端还是指令集，很可能获得的都是“寡头自由基映射结果”，如果这种结果没有损耗，也就是指令集输出功率在微观的表现达标（物理性达标），那么这个寡头在此次映射上的自由基就是优质自由基；反之，就需要宏观调控成本。但是，这种风险的控制基本是滞后的且无章可循，因此，宏观映射的成本控制将随着寡头的自由基损耗总量形成一条滞后的曲线。

如今，大数据、AI 被普遍提及。大数据和 AI 最大的应用场景，就是降低宏观映射成本，其能在所谓的技术层提供辅助型决策系统，但首先要重构映射的过程才能获得更优质的决策算子。

这是中国链映射重构形而上的支撑点。

中国链给出的一个重构接口是两个寡头 + 一个非关联性属性。

这个结构其实是去掉了“利用寡头自由基作为指令集分发的核心环节”的设定。也正是去掉了该项设定，使中国链所产生的经济样貌只能是新经济，或者说中国链无法创造出一个传统经济节点，因而从定义上就和传统经济没有交集。

所以，在中国链云操作系统在设计之初即为多线程刻痕，而非继承于单线程灼伤。

我形象地将中国链映射重构称为“创业者（ServerBoss）俱乐部”，很俗吗？如果你知道在中国链曾被称为“创业者尸体处理中心”的话，就不觉得俗了。相信大多数真正懂得创业的人，其脑内的灼伤一定是：创业成功是少数，不成功才是常态。不管是资本需求，还是媒体需求，总而言之，创业“暂态人生”，是糊涂的冲动，是年轻的宣泄，是嫉妒产生的反抗，只有对极少数人来说，创业是工作。现实很残酷，结果很有意思，大多数创业成功的人是那些极少数“创业是工作的人”。

如果你的映射重构无法改变这种现象，就无法建立有足够移民的世界，这将导致你的私有宇宙无法运转，所以，你要做的是继承中国链映射，并将创业设定为工作。

创业 = 工作

这个设定的结果，你将会得到除“冬日威胁”外的另一个非关联性属性（容器）。

```
Container MyMatrix Interface CCMatrix
{
    pushToParaDatabase（）;
    {
        createPara（“创业”，“【 】”）;
        createPara（“工作”，“【 】”）;
        father.setPara（“【创业】”，“【工作】”）;
    }
    createPara（String s1， String s2）
    {
        // 调用脚本生成模块。
    }
}
```

这个设定将“创业”定义成了“工作”，而原有的工作定义被封装，或者说你的朝九晚五在区块链内不再是工作，而是一种生活或是一种“行为”，它只能被映射到某种区块链拓扑上才能产生收益，而不能直接产生类似工资的收益。

在这个映射完成后，你的世界里就出现了一个“创业者俱乐部”，它相当于传统经济中的“工会”，也更像 RPG 网游中的“工会”，可以说其兼顾了二者的优势。

你不能单纯地认为，中国链映射是一个“筛选机制”，它是要把能够创业成功的人挑选出来，这种思想是孵化器思想，会限制你后续的重构工作。你可以用孵化器方法，但不能用孵化器思维。正确的思维是创造更大的创业环境。

国家公链在理论上已经给了你极大的想象空间，只是它的限定条件是：不能使用传统经济模式构建产业。这是对你的一个“筛选”，如果你不是一个寡头、简单寡头、ServerBoss，整个系统将不会诞生。即便有了国家公链寡头和非关联性属性集合，也不能帮你不劳而获地产生一个“私有宇宙”。中国链多中心的理念在此处成为你的门槛，你必须向所有的区块链拓扑证明，你是一个可以被大家看到的“中心”。

中国链云操作系统为此留下了一个接口：

核心映射接口

```
Interface Core
{
}
```

它用于承载你的一组映射指令集，这组指令集将和国控开关根指令集汇集成你私有宇宙**指令集数据库范式**，其脚本就是“创业者俱乐部”的会籍章程。

此处，有“两个寡头的分工”：

- ✓ 国家公链负责提供映射载体
- ✓ 你负责提供映射接口

数据移民（创业者）通过对接你给出的映射接口，形成其“在你的宇宙内的创业形态映射”，并搭载国家公链的“高频能量”，将自己的“可信价值流动”传递到整个拓扑。这个过程就是“中国链并网”过程。

你像是做了一个“交易映射的 Alibaba”，事实上不仅如此，你还重构了一个互联网。你的私有宇宙内的价值流动当量至少可以达到目前传统互联网 GDP 的总和，那也是你的“天花板”。

从微观角度分析，Alibaba、Tencent、Facebook、Aws 等都是将一

个或几个简单又很普遍的行为通过互联网产生新的映射，并沉淀盈利模式。这种方式已成为互联网企业的教科书，团购、共享经济、MCN的模式都是抓取简单而广泛的行为并映射成流量。

这种模式值得仔细探究，但不能直接拿来使用，原因是其盈利模式的传统性和映射的成本问题。

之所以说值得仔细研究，是希望你产生高阶映射思想。通俗地说，传统经济，包括互联网经济，都是“一次映射”模式，行为和结果用一次函数就能表达。例如，“收入 = 工作”的映射，连函数级别都没有达到；而类似“收入 =f（开店）”的行为映射，基本都是一次函数。

但是，中国链全都是“高次映射”。当然，不能说“高次映射”一定就比“一次映射”好或高级，这二者没有任何可比性，因为目前高级映射几乎没有任何稳定场景的时候，它仅仅还是一种理论性的存在。

中国链之所以提出高次映射的理念，是在分析了三次标靶病毒的基础上得出的结论。

在计算机硬件时代，中关村出现了电脑城，并借此成就了中关村。这里电脑硬件交易是一次映射，而中关村是基于一次映射产生的高次映射。

在软件时代，中关村开始买卖软件，洛杉矶则出现了硅谷软件创业潮。这里软件交易属于一次映射，而属于高次映射的硅谷孕育了全球经济的统治力。

在互联网时代，出现了流量为王、大数据和AI。这里的一次映射和高次映射普遍存在于很多领域。事实证明，如果高次映射的能量越大，整个产业对经济系统的推动力也就越大。

那么在区块链时代，可不可以放弃一次映射直接探寻高次映射呢？我认为是可以的，并且已经具备了很好的商业时机。从资本的态度来看，或者从发展的需求来看，先大范围产生一次映射再等待高次映射出现的模式显然已落后，研发直接产生高次映射自由基或弦约束的能量模型成了宏观的战略方向。

简单讲，人类的行为是一次映射，其结果很明确，但人类和其他物体或能量联合产生的行为，就是高次映射，均会产生“自由基映射”。例如，吃饱是一次映射，吃好是高次映射，其衍生出了和吃相关的所有产业，而且至今依然层出不穷；穿暖是一次映射，穿好是高次映射，其衍生出了和穿相关的所有产业。

随着人类文明的进步，很多高次映射被降低成了一次映射，也就是我们常说的常态化。

互联网对经济的最大贡献，就是给出了众多的高次思维通道，如网红经济诞生了诸多高次映射。

区块链之所以说是第四时代，就是在“映射”环节上将所有的高次映射“降维成一次映射”。任何一个希望在区块链中寻找理想的个体，都必须通过创造高次映射来向系统证明自己的理想对人类发展有提升。同时，这对高次映射的约束力也提升了，很多前置矢量通过国家公链指令集释放出来。这两个设计代表了区块链整体的先进性。

回顾对需求的重构，你会发现中国链映射不仅需要“小窍门”，而且需要“创造大经济的群体”。只有放眼世界的思维才能和中国链映射接口形成相得益彰的关系。

在区块链世界，个体本身将先会被映射到“全球 + 全部消费者”，也就是你的思想理论上都会波及整个新经济体。从上帝视角看，你就是那只“振翅的蝴蝶”。

第六章

增强现实

Augmented Reality，中文翻译是“增强现实”，两种语言的映射就会诞生两个“约束分支”，英文认知研究标准，中文认知搭建短期市场。不止中文，很多其他文字也都是将其映射到市场或“被动技术”。由三代标靶病毒形成的基因，在世界范围内形成了稳定的自由基传播通路，经过如“第六脏器”一样的终端，正重构着世界。

不过，这个重构工程只是“中国链诸多宇宙”的一个分支或一个维度。从中国链云操作系统的角度看，现实世界的重构，既不是其他宇宙重构的发起点，也不比其他宇宙重构更重要。在中国链商业里，现实世界的劳动力继承于CCERHuman，和所有的ER生物有着相同的父类。

这种设计早已被用在机器人的研究中，并不新鲜。人不是顶级父类，而仅是一个单线程宇宙的实例。

在中国链云操作系统的设定内，**增强现实**也一定有一个更抽象的父类存在用以链接所有宇宙的**共性属性**和**可视接口**。

我们将现有的AR看成“现实世界的一个中国链增强现实”的实例，首先要做的是依照这个实例给出一个父类的样貌。

如果从技术角度分析“现实世界的增强现实”，很难做出有前瞻性商业意义的广义分析（形而上），因为其受限于目前的技术和成本。这种基于“设备+映射列表+算法+数据库+UI”的东西，其实可以应用于所有的产业和产品，但其自身却像一个免费游戏，需要开发商为其叠加付费点才能形成市场。这也是很多“现实技术”面临的尴尬局面：很多本身就很优秀的技术拓扑，却要配上电视直销级别的销售团队才能在某个传统市场获得微薄的收益。

从中国链角度看，这是巨大的财富，中国链商业由此总结出一个私有宇宙财富规则。

> **私有宇宙财富规则**——现实世界（宇宙）的低效，就是私有宇宙的财富矿藏。

但是，在众多富矿存在的情况下，为什么要选择 AR 来独立成章？ AR 有特殊性吗？是的，中国链增强现实有特殊性，它是 Orion 矿机的一个 SaaS 模块，是私有宇宙可视的一个接口。

中国链增强现实——*所有宇宙包括现实宇宙的经济系统可视接口。*

由这个定义来分析现实世界的 AR：它与其他产业产生融合并不是最终形态和模式，其他产业暂时觉得其可有可无，是因为其还没有向传统产业展示“真正的盈利能力”，所有的技术研发仅仅是**视觉重构**的一个实例，当区块链拓扑诞生后，所有的商业节点都会竞相追逐 AR 所带来的红利。

接下来，从父类的角度观察中国链增强现实。首先，它是一个专有名词，脚本代码是“CC-UniversityInterface-AR”。但此处的 AR，是为了表达我对前辈们的尊重，与从英文映射来的“AR”毫无瓜葛。

中国链增强现实，是针对所有经济体宇宙设计的一个标准，它的功能是：扩展私有宇宙的视界，并形成价值流动和价值投影。

按照 Interface 的职能分析，中国链增强现实将是一个双工通道，可以将其他宇宙的内容映射到一个私有宇宙，同时将一个经济体宇宙的内容映射到其他宇宙。其映射规则将由各宇宙的数据移民编写，并开放智能合约接口。

在现实宇宙中，计算机技术搭建了一组“视觉扩展接口”，也就是目前的 AR 商业理解。它告诉其他宇宙，可以利用这个接口向其“提供相关的产品或映射”，即在本宇宙内形成需求，本宇宙利用“产业载波”将需求传播至消费者进而形成货币流动以产生价值和价值投影。同时，本宇宙内还将提供百万量级的劳动力，为形成这种中国链增强现实产业而贡献生产资料和劳动。

这是“中心视角”产生的结论，你只能站在中心视角审视“现实社会”的“中国链增强现实（CC-UniversityInterface-AR）”的实例构建，而不能在现实宇宙内构建算法。换一种说法，这只是区块链

Object 的模块设计，而不能在计算机 Object 下继承。

首先，你必须完成针对现实社会的映射，才能获得与其他私有宇宙握手的牌照，因为在所有的区块链宇宙中，目前只有现实宇宙是最完整的也是最稳定的。你的私有宇宙虽然在理论上和现实宇宙没有从属关系，但也仅限于"互不干涉"[1]，这并不意味着唯一的"特群宇宙"是用来给你批判，我们做的是学习和继承这个特群宇宙，并将其应用到"新宇宙（时空）"的扩展中（中国链 ER）。

从哲学角度上看，我们仅是"换了个角度看问题"。这在商业领域内非常普遍，通俗地讲，就是"蓝海"和"红海"的差别，蓝红没有优劣之分。不过，这次是换了"中心点"。如此前所说，我们无法直接进入你的大脑，把你的混淆约束结果"打印"出来，只能用一种"谐振算法"力求与你共振以形成最后的自由基疏导，并在根服务端看到你的"CC-UniversityInterface-AR"。

在《中国链云操作系统》一书中提到过"漫威在巴黎"，如果你是漫威的区块链总监，又会如何设计区块链 AR 业务呢？我们做一个大胆的设想：

让 Tony Stark 直接和你谈判，并组建相应的团队，按照 Tony 的意见打造一个全新的商业场景，并将其投射到巴黎。

这不是设计电影脚本，而是一个"区块链 AR"商业计划的标准模块设计：

```
CC-UniversityInterface-AR
{
    ARResource = TonyStark.getInterface ( );
}
```

脚本中的"TonyStark"是一个非关联属性集合，你调用它的接口并获得其内部所有的服务和智能合约。如果有一个私有宇宙专门提供

[1] 后续会提及宇宙干涉。

“超级英雄 AI”服务，那么你可以利用此接口形成一个握手进而获得你所需要的“AR”。

那 Tony Stark 的**区块链粉丝**[1]会怎样看待这件事情，或者说，他们希望发生什么？他们会希望 CCStark 工业将某个关于“土卫 8”的项目放在这座城市，因为一些人很可能认为“土卫 8”是一个被遗弃的飞船，他们也想上去看看，或许真的能发现感兴趣的商业需求，而后将其映射到“冬日威胁”的宇宙。

这种设计的结果，是让所有的数字移民真实地感觉到有一个 TonyStark 存在，并改变着所有个体的生活方向。你可以试着结合所有引导性元素，甚至是政府的力量，来完成这个映射的生成。但此处，仅是一个“CC-UniversityInterface-AR”设计，还没有任何场景产生。虽然电影、动漫、游戏、二次元、互联网流量、玩具、IP 等均是围绕 Tony 的副产品，但对于一个 TonyStark 的“CC-UniversityInterface-AR”来讲，这些产品均不是 AR 映射。

当你的宇宙出现了“CC-UniversityInterface-AR”的 TonyStark 后，使其落地的工程是让其产生产业链，或者说是创造一个生存空间，而且是具备完整经济系统的空间。此时，你要考虑两端的一个资源整合模式：一是国家公链的导入形态，二是数字移民的参与方式（ER 生物的诞生模式）。

我们先不讨论宏观形态的国家公链，而是探讨微观形态：

一个数据移民到 ER 生物的映射。

当然不会真的让你的私有宇宙移民到 Stark 工业上班，也就是说，你不能限制人类在你的私有宇宙中必须形成类似朝九晚五的单线程行为（这不是区块链），你必须让数据移民的某个随意行为在你的宇宙中产生“CC-UniversityInterface-AR”映射。这就是中国链的**行为 AR**，也是中国链云操作系统重构中的一个重头戏，甚至是中国链 ER 的主

[1] 区块链粉丝，在这里可以窄化为愿意和 Tony Stark 生活在一个城市内的数字移民。

线条之一。所以，这虽是你第一次看到行为 AR 这个词，但回顾之前的章节和书籍，你随处都能看到行为 AR 的影子，甚至我目前的行为和你的关系都是一个行为 AR。

再次以 RPG 网络游戏举例。所有的 RPG 游戏都有一个行为映射，那就是“角色生成”，这个映射可以直接搬到 ER 生物的映射上，但针对 RPG 网络游戏的模式继承，到此为止！之后的任何内容均和 ER 生物的构建无关，或者说，完全不能借鉴！

万博士端起桌上的脱酸手冲，浅浅地抿了一口，而后将嘴巴闭紧并咧到最大限度，随后将咖啡咽下，长出了一口气。海南的咖啡豆在他心中有了一个数据化的结论。

他此时正坐在海口万豪临海的大堂里，对面坐着一个只有七根手指的年轻人——那个曾经给穆风岚传递消息的年轻人。

万教授戏谑地抱拳拱手：好久不见，七爷别来无恙！

年轻人笑了，很享受的笑意，没有掺杂任何被戏耍的无奈。以万教授的年纪和地位，即便是开玩笑也示意了对方对等的身份。

“我做完了。”七爷没头没尾地说了一句。他用搭在座椅扶手上的只有四根手指的右手端起眼前的咖啡，依然微笑着。

万博士赞赏地点点头，“你去过尼泊尔了？”

“没有，”七爷轻声回答，“他不在那里了。”

“好吧，我们先执行既定的计划——启动安装，柯伊伯带上已经很热闹了，我们不能袖手旁观。”

七爷不语，似乎陷入沉思。

七爷是不世出的代码高手，或者说，他是可以和宙斯三兄弟比肩的奇才，但是他总说自己的能力仅排在第七位。

RPG 游戏可以看作是“CC-UniversityInterface-AR”的蜜罐杀手，很多 ServerBoss 都会陷落其中被扼杀。你所要做的是，在完成 ER 生物注册后，将 RPG 的“角色扮演”的游戏标签剔除，重新贴上一个“多中心”的拓扑标签：

CCG（China-Chain Game）

中国链游戏！

谐振动作或根服务设定是：

CCG = CC-UniversityInterface-AR；

将“CC-UniversityInterface-AR”直接生成 CCG 实例。

这个设定说明，每个私有宇宙暴露出的 AR 接口都是一个 CCG，CCG 成为所有宇宙（包括传统经济宇宙在内）的类 ARDCOM[1]。

此时，你的任务是开发一个 CCG 脚本，而后开始众筹。如果你对你的“CC-UniversityInterface-AR”有足够的信心，就在众多行为价值携带者——数据移民面前发布你的 CCG 脚本，借此完成一个 CCG 所必需的过程——角色映射。这是一个众筹过程，一个一直在进行的众筹过程，这个过程类似现实中的新生儿降生。当数据移民愿意将自己的行为利用你的 CCG 生成一个私有宇宙的“CC-UniversityInterface-AR”时，你的宇宙里就出生了一个 ER 生物。该 ER 生物，将影响你的 CCG 轨迹，且不受控脚本，当你利用国家公链将该“CC-UniversityInterface-AR”安装到某个城市的中国链数字地标时，就完成了一次对该城市的“CC-UniversityInterface-AR”，你的商业用户就可以利用你提供的“观察工具”看到你的“CC-UniversityInterface-AR”所产生的商业结果，甚至还可以利用 CCG 提供的工具完成各类商业体验行为。不过，此时这个体验行为可能会生成某种病毒，导致你的 CCG 内生物大范围死亡，这种“攻击”是 CCG 的一个娱乐模式，但绝不是可以复原的游戏关卡。其结果，很可能是不可逆的，你所受到的攻击真的会是大范围的死亡攻击，但也很可能“非常赚钱”，这就是说，CCG 中的死亡是区块链商业 AI 计算的结果，即“CC-

[1] 关于此项设计，会在后续的章节展开讨论。

UniversityInterface-AR”网络的效率值体现。对你来讲，贡献生命和贡献死亡是同等重要的设计，也是 CCG 能被称为游戏的精髓所在。现在，你甚至可以想象一下，让谁来杀死 Tony，杀死他后的巴黎会出现什么 AR？

从微观层面回到宏观层面，我们来研究国家公链。CCG 可以让数据移民产生对国家公链的开采兴趣，并使其产生主观 AR 映射，如果凑巧还会产生**非关联性属性**。

此时，国家公链的赋能是一种主动赋能，也就是说，国家公链要主动提供资源，因为在 CCG 中国家公链是经济系统的基础映射源。但国家公链没有说服能力，包括国控开关在内不能强制 CCG 的开发者具体使用某个产品或价值作 AR 映射，包括货币也不能产生优先权重。这恰恰是区块链先进性的体现，与 Bitcoin 的去中心化类似，在多种新视角上国家公链是一个合伙人而不是约束私有宇宙样貌的顶级规则。就如 Alibaba 可以利用技术完成税收轨迹的变化，CCG 可以大幅改变一个城市的收益总量和收益方式，前提是该城市的国家公链接口适合该 CCG 接入。这需要城市率先抛出橄榄枝，因为如果仅是被动的被 CCG 执行安装，很可能会产生和 Alibaba 类似的商业特性，或者说在分配流程上该城市只能被动地等待其他数字地标发来结算结果，但无法获得该 CCG 对城市新经济的结构性贡献。

中国链增强现实及其实例 CCG 均可继承。你没必要一定沿袭这个设计，你可以封装其结构并衍生出自己的“CC-UniversityInterface-AR”。这里传递的刻痕是：所有的私有宇宙都有自己固有的经济形态或传统经济形态，所有的宇宙（包括现实宇宙）都通过中国链 Object 获得国家公链的接口，即所有的宇宙内天生就携带一个完整的传统经济，如果要将如此完整且庞大的经济系统按照“多中心法则”运转并产生多维共产体系，就必须按照某个弦约束脚本，将其进行“CC-UniversityInterface-AR”处理。

这种设定是将所有的简单寡头属性设定在“宏观模式设计”

上，区块链不需要微观思维，就如互联网撼动传统经济一样，区块链利用简单行为映射，成为影响传统经济震动的“蝴蝶”，而“CC-UniversityInterface-AR”是考验其能否找到混沌发生点的试金石。如果能够通过增强现实来完成对私有宇宙的“边缘（接口）”构建，并能在其他宇宙的劳动力上产生 AR 映射，就完成了一个伟大的创举：

让一个宇宙中看似无用的行为，在另一个宇宙中掀起滔天巨浪。

当这种行为以互联网模式被收集在一起的时候（大数据），即可在另一个宇宙内产生可观的流动价值，并利用智能合约完成价值映射（货币分配）。

这其实是互联网乃至区块链为世界带来的行为定义的变革，就如点击率价值的形成一样，区块链将会通过对宇宙现有行为和资源的“CC-UniversityInterface-AR”完成映射。这种映射出现的越多，就代表越多的类似“互联网”产业被创造出来。

基于一个城市的全球化“CC-UniversityInterface-AR”，将成为未来城市构建自身经济结构的首选，将其他城市看作“CC-UniversityInterface-AR”基站，并完成一个或多个 CCG 安装，即成为经济全球化和多维化的通道。

增强现实的话题，和量子纠缠的话题类似，在现实世界很多人愿意将先进的东西和自己扯上关系，但这种发自微观的需求却影响了很多本该大有作为的自由基完成自己的构建，区块链将针对这种现象给出基于互联网的继承模式，从宏观定义，从微观采集，将行为进行映射，而不直接针对微观诉求研发产品。因而，量子纠缠、增强现实、AI 等新鲜名词产品将会在 CCG 中率先显形，而后利用 AR 和寡头再完成用户轮的资本布局。

量子纠缠和 AR 类似，也可以设计出跨接区块链拓扑的寡头级产品。这个工作就留给你，但愿你的大脑没有被灼伤，还能够从传统需求思考问题。

第七章

城市重构（一）

我喜欢一个人在胡杨林里晒太阳，夕阳斜照的那种。我也喜欢在夕阳下陪着胡杨一块儿腐朽，虽然我知道，即使我腐朽几十次也不会看到胡杨灰飞烟灭，但我还是喜欢和它们一块儿腐朽着。

有胡杨的地方没有城市，但我却想为胡杨创造一座城市。我的规划是：从宇宙中寻找一种智能柔性粒子，在扫描某个区域后就能直接复制该区域的样貌，就像是一种巨大的3D打印机，这样就可以在戈壁滩上打造一个没有人的北京，而后在北京旁边打造巴黎，在巴黎的旁边打造纽约，在纽约的旁边打造一个金字塔。

我想着想着，觉得自己很伟大。

我想把这组城市放在新疆，然后发展旅游、发展教育，让祖国的花朵茁壮成长，7岁就学区块链，10岁能用智能合约给我分钱，我做慈善把钱都捐了，随后坐大飞船去寻找超光速秘诀，或建造一个巨大的磁场争取改变时间的曲率，最后回到那个她还活着的时代，告诉她我的想法。

夕阳多美，戴上墨镜就不刺眼。我想起夸父，老是追着日头跑，想着想着，他就来了。他说他是燎鹤族大将，蚩尤是，龙也是，玉帝还是，他们都和黄帝有过节，属于民族大义的过节，而非私人恩怨。

我醒了，离开了荒诞离奇的梦境。看过乞丐大哥的三十三卷宗后，我总是做一些荒诞的梦，我怀疑自己被乞丐大哥植入了病毒。

我听到了他的《梁祝》，恍惚间化作了蝴蝶。

对于一个城市而言，最关注的是“流”：

- ✓ 人流
- ✓ 货币流
- ✓ 企业流
- ✓ 投资流
- ✓ 政策流

这种说法没有“中心点”可言，太过纸面化。依据“流”产生的各类文案、数据、教材，都有或大或小的滞后性，用于分析比较好，用于预测（尤其是对互联网普及后的产业预测）显得力不从心。

随着城市的发展都在向“新型经济系统构建”的模式倾斜，对于“流”的前瞻性分析需求显得十分迫切。

对于未来城市而言，中国链所提出的“多中心化”模型就是一种基于概率的前瞻性商业平台。

中国链云操作系统的设定是：

每个城市和所有中国链私有宇宙均存在一个 Public 接口。

这个设定有以下几个引申：

引申 1　城市是一个独立结算体系，是国家公链的实例。
城市 = new 国家公链 .getCity（巴黎）

引申 2　中国链城市拓扑是一个独立的拓扑形态，不归属于任何一个私有宇宙。

引申 3　私有宇宙可以向中国链根服务注册私有城市形态，该注册不受城市本身的元素限制。

由中国链对城市的设定和引申分析，城市和私有宇宙间是一种 ER 关系，或者说是一种客观存在与主观定义的关系。

从中国链根服务的层面看，二者是多对多的关系。但不论从私有宇宙的角度，还是从城市的角度，二者间都存在着某种函数关系。不过，关系的数学模型并不重要，因为关系仅代表商业的可能性，而我们要探究的是商业的必然性。

对城市，很多人都可能有过“极端野蛮的想法”，那就是推倒重来。我曾经就想过要把加德满都推倒再按阿斯加德的样子重建，这种想法的初衷应该是某种私欲不满导致，当把这种私欲用区块链技术加以矫正就能发现谁是真正的“建设者”。

中国链云操作系统授予私有宇宙的【城市句柄】的第一个函数是：

public CC-City recreation（）

重建！

Orion 矿机本身提供了城市重建的模块，你可以开着它在全球肆意挥洒，让世界看上去很有“你的特色”。

这不是玩笑，“恐怖”的互联网已经完成了类似的重建任务，甚至给出了很多行之有效的城市重构模型。

这里简单区别一下**重构**和**重建**。重构是纯商业词语，具有很大的可逆性，其【END】中有擦除属性，即“一个重构可以无条件的被城市移除”。重建是重资产调度先行的一种规划形态。对中国链私有宇宙来讲，你可以考虑在撒哈拉建个二代拉斯维加斯，但直接重建一个现有的城市，你要准备的东西和重构不是一个量级。因而，你暂时只能考虑城市重构。

那为什么说互联网已经开始涉足“城市重建”了呢？因为互联网已经发展到了“壮年阶段”，其模式已经渗透城市的规划层面，很多城市的产业基建都围绕互联网来设计，如产业园区、办公、生态、人力资源配比、产业服务等，这是一种产业发展的“稳态曲线”。不过，区块链或许不会遵循这个曲线。

我们先来看看互联网的重构历程。

在互联网，已没有城市边界，只剩下流量基站。这就是从人流角度发生的重构现象，其极端业态是人在城市居住但其行为和纳税在流量基站所在地。例如，网红正在改变三四线城市居民的消费行为端口，他们造就的人口流动，瞬间可能超过一座三四线城市一年的流动量。

这里的人口流动是指按传统意义的流动消费值。一个人出差到一个城市，所产生的消费平均值代表这个城市“出口创汇能力”的 50%，另外 50% 是城市产品及服务的出口。

目前，一组互联网网红利用“打赏 + 卖货”的流量经济模型，就可以将一个县城一年的出口额度斩于马下。

互联网的人流重构，正成为很多城市发展的希望或死敌。

但这并不是最强的重构属性，互联网金融和在线支付正掌控城市的货币流动路径。高速货币都在互联网端发生，因其产生的优质业务也集中在流量基站中，城市的货币进出口有很大一部分被互联网封锁。这种重构看上去似乎“没什么”，但会直接导致城市的生态变得脆弱，优质资源会跟随货币流慢慢地流出，尤其是新生资源（劳动力、高附加值产业、高货币流业务等）都不会“和城市发生关系”，而是直接跳过城市与高速管道对接，使得城市的服务职能萎缩。不过，这是一个发展过程中的必然现象，并不意味着文明的倒退。只是因为互联网产业发端起于微观，逐利的本质使其不断产生与宏观的摩擦，这种宏观成本在经济学屡见不鲜。

互联网本身是一个产业，按理说不会影响其他产业的分布。但以现今态势来看，互联网似乎打破了产业定义的边界。例如，宏观层面提出的“互联网 +”，当互联网已然成为先进技术和高盈利附加值产品“集散地”，使得很多新兴企业竞相追逐互联网资源，从而开始放弃城市给予的“微薄实惠”，加之“互联网 + 第六脏器”产生的需求变革，让很多三四线城市无法锁住“年轻人流浪的心”，城市即便是想构建劳动密集型企业，也无法凑齐劳动力。由此产生的企业（产业）流动，正在让很多城市发生着“全面重构”的现象。

这不是悲观言论，而是一次巨大升级的前兆。从其波形来看，很符合“海啸级”波形，中国乃至世界正在孕育着一次“基于城市”的经济飞跃。

你会发现，我对互联网重构城市的分析很潦草，这仅是为了引出

“中国乃至世界正在孕育着一次‘基于城市’的经济飞跃”而做的花絮式铺垫。具体来说原因有二,一是仔细分析既烦琐也没必要，二是互联网重构的经验在区块链时代并不好用，甚至会发力相反。

我们先将互联网（城市）重构模型封装起来，做一个“保护性接口”留在重构模块中，随时调用。可以等到重载一些定义后，再暴露给开发者。

回看中国链云操作系统给出的句柄——重建。

中国链基于城市的动作是“重建式重构”，也就是，中国链可能涉及城市地产业务，重资产重新回到规划中。

不管你是不是一个城市中国链重资产的规划者，都需要了解这个事实，需要扎根城市。

城市真的被互联网摧垮了吗？恰恰相反，互联网没有带走任何价值。宏观视角看，所有的价值依然分布在城市，无论目前挤在哪里，都依然在城市中。

即便微观地回到一个县城，其数十万人口仍在，城镇建筑群仍在，基础产业仍在，每年百亿级的 GDP 仍然在。所有这些，对于你这个“不起眼的微尘”，都已经是星球级的资源，只是你暂时还没有工具开发它。

我们封装互联网模型的目的，是想让你冷静，仔细地观察一个城市、一个县城，甚至一个村落，这些**区块的容器**即将成为“流量基站”的杀手。当物联网、脑联网借助区块链形成链接后，那“网络”会是什么形态？

中国链云操作系统授予私有宇宙的【城市句柄】第二个函数是：

城市 = 全球经济体

一城一世界！

这依然是一个宏观设定。

你要建设一个可以通达世界并能吸引全球经济流过的新城。如果所有的简单寡头都达成类似的认知再加上国家公链的疏导，你认为城市的哪项资源会率先高速增长？

房地产。

这是一个谁都愿意去触碰的行业，尤其是已经陷入缓慢发展的城市，它们更希望利用“新经济地产”来带动更多的产业向城市聚集，即便城市主管团队不理解区块链但一定熟知“一组大概念生态地产”可以产生的经济爆发力。

如果你愿意，你中国链的第一桶金很可能来自城市新经济地产。

你也许很吃惊，一个“码农”现在竟然在重构过程中推荐毫无技术含量的重资产产业。这其实是计算机程序员升级为**区块链程序员**的标志，如果不能从宏观、从合理的产业入手，那你一定只是“码农”，不考虑战略、一味追求赚钱的“码农”；区块链要求你抬头看路，否则连潮头都没看到就被“拍死”。

在城市重构初期，所有的区块链从业者都要率先回归“重建”模块。无论是“拿地的”还是“炒房的”，都要和其他宇宙同步形成一种资产形态——一个“蓄水池”，用来放置国家公链释放的能量和资产，这和互联网初期的资本模式不同。区块链不需要个体头脑的“疯跑”，而是需要群体智慧的配合。

当你有了新经济地产商的宏观视野后，你要做的事情就相对简单了：

树立基站——城市区块链（数字）地标

也就是宣布你的“ER 城市主权”，这是一个简单的脚本，但要在脚本中填写大量智慧。

【My ER City】

……

……

【My ER City END】

这项工作称为**首轮互粉工作**。

目前，你做不到“拿地”，要做的只是“构建产业集群”，要在全球范围吸引与你有共同思维习惯的人群一起开发新经济房地产，具体的开发形态可以是孵化器、产业园区、总部经济、区块、服务平台等。

形象地讲，当你把自己的雄心壮志塞在一个瓶子里扔进大海的时候，别忘了捡几个别人的瓶子看看，如果有心仪的就回复，这就是首轮互粉工作。

从前三代标靶病毒的发展史看，其**fans 基因**贯穿始末的病毒内核，最开始是明星模式（如 C++），之后是造星模式（如互联网大咖），最后是全民圈粉模式[1]（如全民皆网红）。这让粉丝总量近乎无上限，由此产生的需求映射日新月异。在粉丝层面，互联网已经做到了“多维化共产”。

所以，作为简单寡头，作为一个 CCG 构架师，你必须深谙互联网的成功规则。

也许，你开始敬畏 CCG，因为它在一开始就让你扮演“地产大亨”的角色，而且还必须按照现实宇宙的游戏规则开始自己的角色成长。区块链让你在注册角色后抛掉所有的 RPG 设计，是因为需要按照现实规则来发展自身角色，即便有“鸿儒会”这样的 NPC 推送，也需要自己完成和自身成长相关的动作。

中国链云操作系统重构框架，从现在开始，将逐渐脱离形而上的论述，全面进入角色成长进程。你将体验到从签署投资协议、招拍挂，到引进开发商等真实的房地产开发过程。

中国链教育，不是理论教育，不是滞后分析教育，不是心灵鸡汤，不是大师经验，也不是哲学形而上，而是一个完整的区块链。如果你认为这是一个自己证明自己的悖论，那么你可以再读一读关于“莫比

[1] 高维用户模式，后续会有重点分析。

乌斯环”的章节。

中国链要让你站在和你当初相同的起点上，却不是站在一个相同的表面上。就如现在，中国链让你做一个真正的地产商来开始你的中国链私有宇宙角色，就是一个对你的操作系统重构。或者说，你正在被我重构，如果你能串接起《中国区块链开放定义》和《中国链云操作系统》各章节的所有“彩蛋”，那么你的重构已经成功了一半；如果你真的能够成功进入和一个城市新经济地产相关的产业链，那么你和我的选择都是正确的；如果在不远的将来，你的 AR 顺利地串接了多个宇宙，你的 ER 城市开始协助城市经济进入双核运转，那么……

2119。

第八章

中国链 MCN（一）

我在吴哥窟遇到了一个很“扎眼”的人，身高约190cm，丹凤眼。和他的眼睛同样引人注目的是他的肤色，一个亚洲人却有着枣红色的皮肤。

他正在享受自己的午餐，吃东西的动作很慢，咀嚼慢，喝酒也慢。然而，给人的感觉却恰好相反，造成这种反差的是他的肌肉，他必须放缓他的任何动作，不然肌肉的爆发力似乎就会产生不可预测的破坏。

在他的左手边有一对很粗的阴刻着某种特殊动物的金属短棍，大概有1米多长。

像这种看上去就不一般的人，应该值得我冒险去结交一下，虽然有挨揍的风险。我鼓起勇气，坐到丹凤眼男子的对面。

“我认识你。”我单刀直入。

他右臂的肌肉组合在1秒内跳动了十几次，也许在这瞬间他选择了十几种杀我的方式。

最终他还是控制住了，“我名关羽，字云长，一千多年前的人，你怎么会认识我？”

……

Multi-Channel Network，简称MCN，中文译为“多频道网络”。我认为这是一个粗犷的映射，MCN泛指所有利用互联网形成粉丝经济的产业链、产业、企业及个体。目前，表现抢眼的个体MCN是“网红”，一种基于网民行为的服务商，盈利模式是典型的“互联网+传统”。

往前追溯，在Twitter之前互联网还有一个容易理解的短语——User-generated Content（UGC），其衍生品包括Professionally-generated Content（PGC）和Occupationally-generated Content（OGC）。

UGC的中文译为“用户创造内容”“用户内容分享”等，是一种对互联网模式很贴切的诠释：

一个互联网用户的目的是对所有的互联网用户发送信息并希望得到回馈（粉丝）。

这是商业诠释，不是理论。从商业角度分析，互联网收益总和最大值基于每个网民都是所有网民的粉丝、每个网民同时拥有所有网民。虽然这种情况不可能实现，但可以设计数学模型。从这个模型看，所有的互联网平台都是“中间商”（包括 Twitter、Facebook、eBuy、Alibaba、Tencent、Aws 等），均会在 UGC 变得更“充分”的同时变得没有存在的必要，如果它还在吸收很大的货币流动就容易被一种业态视作“冲击对象”，这种业态就是 UGC 的高频载波——Multi-Channel Network。

但这种假设在互联网商业中不容易“迅速实现”，很多有识之士都探讨过“MCN+UGC”模式，甚至封装了 IP 的分配方式，如 IPV9——一种可以为个体 MCN 提供庞大网络空间服务的模型（商业预测模型）。但是，这些最终都因为一个点而放弃，这个“死点”是：

微观 MCN 的成本太高，大量铺设会带来难以预测的灾难。

那么，目前的策略就是让少数微观 MCN“裸奔”，而后生成维稳和商业的一个平衡点。这种少数微观 MCN“裸奔”模式，就是如今的 MCN 平台公司（如微博、微信、短视频等），每个平台都约束了一个很窄的 UGC 模型，即映射了很少的行为，并观察结果，最终形成一种可以被宏观认可的 UGC 通道。

这里会产生另一种博弈，那就是平台的诉求和宏观的诉求不完全重合。尤其在“流量为王”的时代，平台的崛起目标是“资本诉求的达成”而不是“宏观经济诉求的达成”。举个例子，如果宏观的诉求是 MCN 平台使得农业及农民的整体收益结构发生显著的变化，那么事实上很可能得到的是“农村电商”这样的“MCN 支流”，平台不可能组织所有的流量与农民和农业形成一个 AI 级的新业态，因为那会损失大量的资本（货币）收益。平台的决策是市场决策，因而不能直接干预，并且直接干预的成本也很高。因此，目前互联网“MCN+UGC”模式只能稳定在“纯互联网产业的流量经济模型”下。

分析了互联网高频载波的形态后，我有了更大胆的想法：有没有可能做一个“发端于宏观经济的 UGC 高频载波模型”？

如果我们希望 UGC 成为新经济的切入点，那么该如何形成一种成本很低的 UGC 约束？直到中国区块链模式系统出现，一组商业模型浮出水面。是的，是一组或更多，这里的“组”意味着你可以用一种矩阵算法将其统一到一个可以封装的盈利模式内，类似互联网的流量经济容器（Internet Profit Model Container）。

首先，中国链的根服务发端于宏观经济，这个设定使得之后的所有行为映射都要率先遵守**宏观智能合约条款**。这不是一个法规或宏观政策，也不需要政府管理或判断，它通过“AI 筛选算子”形成滤网，因为国家公链在此时算力很强，将率先形成**公链自由基**。例如，它可以直接将农业和农民打包成数据资产，利用公链节点向外发放，与其握手的私有宇宙就可以获得数据资产而无须支付成本。同时，私有宇宙将按照该项数据资产的属性列表，与自己的私有属性列表进行对接，形成其私有的非关联性属性，而后传递给数据移民，形成该宇宙的一种行为映射源。这很像一种宏观投资流程，而非宏观宣传，所有的微观都因为“可以从宏观投资中获益才形成行为映射”，而非发于对“农民的同情”。

这种宏观的弦约束模式，是目前互联网无法达到的。所以，互联网巨头如果从自己的业务衍生所谓的区块链，从原理上就是错误的，其衍生出的一定仍是某种微观经济包装下的“伪区块链”。因为区块链这个名词可以随便说，这与很多广告词语可以多重释义是一个道理。

从现在的简单寡头的中心点看，你可以直接继承“互联网 MCN+UGC”来形成你的区块链商业模式。区块链就只搭载 UGC，也只从 UGC 开始衍生价值流动，非 UGC 接口无法形成智能合约。

继承这个约束后，你要做的是设计自己的区块链 UGC 高频载波系统——**区块链 MCN**。

这需要回到宏观层面观察这个载波系统的操作系统级设定。首先，探讨一个被误解了很长时间的宏观名词——计划经济，大多数人认为这计划经济是一种被验证过的不符合经济系统发展的模型。对计划经济的偏见，对计划经济的理解偏差，均来自对计划的一种误解。从客观事实看，地球上所有国家的宏观经济都是计划经济，从来都没有变过。

计划的商业解释是：保证某个时间片段内的结果可控和必然。

可控是“可视”的一个实例：

可控 = CC – 可视 .createCanCtrl（“× × ×”）

这代表一种需求的实现路径，也就是约束表现在个人身上是微观需求约束，表现在国家层面是宏观经济约束。这个理论可以普遍适用任何一个行为映射。甚至所谓的风险（不可控），仅是某个可控递归调用，或实例化中传入的一个“可控随机数”而已。事实上，很多风险的来源是无知而不是无序（无计划）。

必然代表在某个约束方向上一定会产生的结果，可以是计划的结果，也可以是与计划截然相反的结果。我们常说的成功和失败，都是在一个计划约束下的必然结果。

作为一个寡头级的候选人，深度理解宏观计划经济是摆脱很多低级错误搅扰的必由之路。正在学习区块链的你，如果无法构建宏观计划思维，那你只能是个科幻小说作家。

再来分析下市场经济。

在中国链商业内，市场经济仅是计划经济的一个实例：

市场经济 = 计划经济 .create（“市场”）

市场经济是一种微观采集型计划经济，是将宏观映射到产业维度，让产业自身形成可控链条（区块链前身），并在消费端形成可控随机数（调控机制），进而形成一种简化的经济形态。这种简化形态的方向是投资。由宏观控制大的产业自由基，由市场决定微观投资流动，进而产生多样化的投资收益曲线，让微观充分体验到“市场投资模型”带来的行为期望值（自由度），而积极地形成个体或群体的投资行为决策。

这个脚本的背后，需要一些细致的工作。

该是研究 eBay 这类互联网行为映射的时候了。虽然他们的现实行为发端于微观，但这个行为模式在 ER 的宏观却是首个可借鉴的**可视**。城市 ER 重构设计模式是：用一个简单的行为形成城市链，在城市端也可称为**中国链数据地标**。

这可以看成一个多维共产宇宙的实例：将每一座城市看作一个区块，其具有完全封闭的边界，而后制作一个链接口和其他城市的链接口对接，进而完成私有宇宙的搭建。

一个有趣的现象是，这种宇宙的搭建速度会随着简单寡头的数量增加而增加，每个私有宇宙城市拓扑的盈利能力也将随着简单寡头数量的增加而增加，所有寡头之间不是竞争关系而是共产关系。就如在宏观层面所有手机厂商都是一个产业的共产元素，但在微观层面两个手机厂商一直在平面化竞争。

当只有一个简单寡头的时候，其智能形成类似 eBuy 的业务，要做的工作是踌躇满志地发展出一个维度巨无霸，类似 Alibaba，它拓展每一个 MCN 都需要一定的成本，而且不是来自公链的投资，也就是在电商业务上，寡头一直是一个人在战斗。

与之对比，中国链宏观城市链创造电商的流程会很轻松。

首先，你——简单寡头，需要在一座城市树立一个链接口，在上面写明“我要做（某个细分领域）中国链电子商务”；而后，利用国家公链根服务，将这个接口定义注册至国家公链数据地标库；接下来，所有中国链数据地标侦听器会接到这个注册信息，并在自己的城市链拓扑内开放该项业务的映射，同时生成智能合约，与你的智能合约握手。至此，你的“电子商务数据地标”瞬间插满所有带有中国链 ER 属性的城市，不论该城市由谁管理都不会影响你的业务落地。因为，宏观壁垒全部封装在国家公链和国控开关内，包括其国家的政策、法规、税收、经营许可、监管、服务等内容，全部由国家公链合伙来完成。

市场经济形态的优势在于，宏观层面无法给出最优的投资方案，可以利用市场经济在微观层面形成决策模型并汇总到算法层（大数据+AI），最终形成一个宏观发展计划。该计划携带市场经济接口，可以不断地获取微调策略，策略的来源是各需求群体提交的市场曲线，这些需求群体就是宏观MCN。所有的宏观MCN组成计划经济的参数曲线，并直接影响国家的经济决策和政治决策。

这里的核心参数——**宏观MCN**是区块链MCN的构架级继承点，而互联网MCN是盈利模式继承点，二者有层级上差别。

这里还携带着一个很多人接受不了的事实：

区块链不是互联网的衍生物，甚至和互联网没有任何关系，即便没有互联网产业而只是某个类似产业掌控了技术产能输出，区块链也会准时诞生。它诞生的条件是投资变得很充分且其拉动经济增长的能力权重达到某个阈值。我们可以认为，全球宏观经济，尤其是发达国家的宏观经济，一直都是区块链模式的，只是到了合适的时机要将该模式向微端推送以形成多维共产的“本在计划中”的样貌而已。

至于互联网，此时可以将它看作一部“计划经济”的电影，它用很短的时间将计划经济的各个时代演绎得精彩纷呈，直到MCN与计划经济一同形成有史以来最大的一个宏观自由基，这就是“巴别塔计划”。

计算机Object的大一统，其实是宏观经济大一统的一个实例。我知道这个结构后，才敢开放中卫上空的大光圈，因为我知道，真正的计划从未偏离过，而且正在加速实施中。

更精准的说法，计算机Object是计划经济发端于微观的大一统实例，而区块链Object则是计划经济发端于宏观的大一统实例。这是世界政治思维的一种“AI算子”的运算结果，映射到众多MCN上，迄今已取得了非凡的成就。

计算机对世界的重构，尤其是对MCN的显影，有阶段性成就。它让青年一代接受了MCN这样一个本隐藏在宏观层面的参数成为个体奋斗目标的事实。但它无法完成宏观经济的赋能动作——投资，因此区块链登场。

数据资产的诞生，或者说中国链数据资产的诞生，使宏观投资找到了一种可以动态均衡的策略——从个体端看，国家公链内的所有投资均可最大程度获取。也就是说，中国链内已没有投资门槛的限制。这种充分性让计划经济直接映射到每个个体，帮助其完成“计划中的宏观信息不对称处理动作”。这是一种供给侧战略模型，所有个体均可以“在稳定的市场内为所欲为”，只要其是一个达到阈值的MCN！

这里，可以用群体价值来描述MCN。在区块链时代，计划经济将会暴露其AI的某些属性接口，如计划经济个体定义，在计划经济中个体定义不是“一个人”而是“一个MCN”。所以，你看到的宏观经济报告至少是产业报告，而不是某酒厂的盈利情况。

开放MCN，意味着产业链的一种重组。在传统经济保护期，将会出现一个双核运转状态，即“传统经济+新经济”。这里的新经济（也可以是数字经济），是计划经济和供给侧发端的投资形态，是所有国家都需要安装的MCN引擎。

开放MCN形态后，社会上就会出现是“创办企业”还是“创办MCN”的话题。我始终坚信，企业形态不会萎缩，即便是过了传统经济保护期，MCN系统内还很有可能出现企业实例，只是企业的样貌会发生变化甚至变革。但这不是我想探讨的话题，因为企业的命运不会影响MCN的可视化。我真正想探讨的是区块链MCN的样貌。

在区块链MCN显影初期，会不会是互联网MCN的一种平移，或者说需不需要互联网MCN来形成普适性认知，再或者说互联网MCN会不会是计划经济供给侧模式下率先觉醒的那些人？

中国链的多中心化，本身就是一种MCN的“学术性总结”，真实进行时，还需要临场的智慧来将形而上转化为普适。

我认为，2019—2020年可以考虑的模式是不拘一格降人才。随着普适化的推进，公链牌照可能会稀缺，而Orion矿机也可能供不应求。

你可以很容易地获取数据移民，但 MCN 的建设曲线并不会因为市场的变好而快速增长。

这个略显悲观的现象是我分析区块链 MCN 的属性后得出的结论，因为互联网网红正在摧毁 MCN 基因的传播。这是区块链目前面临的最大考验。

至少目前，你已经知道了你的数字移民群居的样貌，要为其筛选能够形成 MCN 的 ServerBoos，这成为你的操作系统重构的一项工作。你需要将 MCN 的创始人锁定在寡头级别，而不是“抖音头牌”，二者的差别在于责任，宏观经济不会将令牌交予微观经济的“问题点”，而是希望能够创造出多维的经济系统接口。

关于计划经济和计划经济实施的个体 MCN 样貌的话题，还是应该留给哲学家，我们简单寡头关注的应该是 AI、物联网、脑联网、大数据等商业层面。

在 ER 空间，你的 AR 设计代表你的中国链 MCN 定义，或者说你的测试接口会在私有宇宙 AR 上率先体现。如果暂时把你的私有宇宙降维定义成一个企业，那么中国链 MCN 的定义将决定你是“哪条产业链上的节点”。传统意义上的消费者的货币如何通过你的产业链管道流入你的企业，是你私有操作系统应该尽快给出的脚本，当然你必须遵从国家公链的行为映射规则。因为货币的流动会率先形成价值流动，在 ER 空间，由 ER 生物完成投影，而你将获得大于等于本该企业形成的收益。

当然，国控开关会限制你的属性注册，但其限制是宏观的，也就是说它并不限制你使用“抖音头牌”来完成你的中国链 MCN 系统构建，它只限制你使用互联网 MCN 的方法。如果你直接使用，很可能不行；如果你有一组参数能够封装互联网 MCN，并能够映射出合理的行为规范（让你的数字移民不直接接触网红，但利用网红形成价值流动），那就会获得国控开关的许可。

关二爷没有对我造成任何伤害。

他老人家说要去赤壁会一个老朋友。我猜测是诸葛先生到了赤壁，同时感觉那里将要发生些什么。

我有一个“尚茶互联”的投资业务就在赤壁，主要业务是全球“中国茶数据资产”。我自告奋勇要为关二爷担负所有费用，并希望他能允许我同行。二爷犹豫了一下，还是答应了。我突然生出一种要给二爷扛刀的使命感，但当我真要把二爷的金属棒扛起来的时候，才发现金属棒根本不动，其合金材质的密度远远超过了我的认知。

二爷笑了，将那对金属短棍斜背在背后，大步流星地向北走去。

我没有追他，因为我要坐飞机到武汉。

我进入了一种前所未有的亢奋状态。

我回首看一眼神秘的吴哥窟，毫不留恋地赶往金边国际机场。

第九章

城市重构（二）

他们一开始对哲学存着“不接地气”的误解。

等到他们衣食无忧却又要去聆听大师讲哲学。

如果他们功成名就了还会自己讲哲学。

——我

捕捉发端于微观的需求，目前看是圈层阶跃的一个主流手段，也就是目前流行的商业创业。这在之前的章节被引用多次且导出不同的结论，此番再次引用，是想阐述“创业流程与创业基准点”的问题。

发端微观的创业，只需探讨一个问题——当一个发端于微观的企业做大、做到很大，如 Apple，它的决策是微观的还是宏观的？是微观的。由此延伸，发端于微观的企业一直是微观的，与其大小无关。

那么，有没有发端于宏观的创业呢？一旦到了宏观，就不是一个人、一组行为的事情，而是所有人、所有行为的事情，这该如何设计产品？没有产品又怎样对接资本？没有资本如何做大做强？不做大做强怎么可能成为寡头并影响市场走向？无法影响市场走向又如何促进宏观经济？

此时需谨慎。第一，此处不能用哲学理论来论述，因为都要吃饭，选择区块链是为了先吃饱；第二，这不能用“有没有”“是不是”回答，虽然问题引导你做出选择性判断，但也会使你忽略类似同或、异或的多维延伸思维（多线程刻痕）。在 CCG 里，你必须将自己的决策调整到“矩阵”级别，而不是二选一。

我们承认，在目前几乎没有发端于宏观的创业。虽然这个答案很“危险”，但会让游戏更刺激。

原因是：

原因 1　基于计划经济体系的定义，对投资的认知方向导致没有宏观创业。

原因 2　任何创业都没有模板，目前形成的创业流程都是惯性思维，而非理论。

结论是：

结论 1　中国链是（宏观）创业理论，只是其理论发端是宏观。

结论 2　区块链时代，几乎所有的区块（企业）将转向宏观创业，微观创业会迅速萎缩，这和受教育程度无关、和经济模型容器相关。

不论是企业还是政府形成的公链，都是多维共产的。这种容器中的创业，可以理论化，并可以利用计划经济的约束形成与理论贴合度很高的实例。

你目前要做的是，在你的私有宇宙操作系统中形成宏观创业的理论与实践的接口设计，以及其行为映射的脚本规范。

根据本章的标题，你应该联想到我会指引你将接口链接到某个城市的国家公链接口上。这次你想对了。

这种对接意味着，你的创业起点要基于一个城市设计，而不是基于一个人设计，当我们把城市看成一个“人的容器”时，在容器外计划容器内的结构通过容器的接口向系统输出结果，那么，你的设计是宏观设计，你的设计可以复制到其他城市，形成私有宇宙城市网，最终形成一个资本维度而不是一个“寡头企业”。二者间的贡献值并没有可比性，仅是形态不同，即便发端于宏观也不证明输出就强于一个社区超市。

如果我们的设计是：

```
Interface MyUniversityCity
{
    MyERCity myERCity =
        Object.createCity ( ID.getID (“myName”),
        City.getCity (“cityName”));
    public MyERCity getMyERCity ( int ID )
    {
        // 此处暂时忽略 ID 参数，即本宇宙内只有一个 ER 城市
```

```
        return myERCity ;
    }
}
```

脚本端来连接这个接口:

```
【Connect City】
    【CityInterFace】=
        【"cityname"】.MyUniversityCity. getMyERCity (1);

【Connect City END】
{
    // 处理 END ;
}
```

那么，你向所有数据移民开放了“一个城市的链接接口”。

这个设计本身不需要根许可。但在业务情况下，如果需要中国公链许可，只需要将你的牌照接口挂接过来，可以一次性将所有公链牌照均开放，也可以设置一组条件选择算法。这就是:

中国链计划经济宏观思维创业的第一步

继承一座城市的全部，创造一个空的 ER 城市。

接下来，要创造“充分的投资”。这是个“艺术活儿”，ER 世界从此不同。

国家公链的投资是静态的，或称为静态数据资产，它跟货币不一样，不能直接带来流动性收益，需要对其进行发掘。这是一个映射列表:

ER 城市投资 = 国家公链投资

对于你的“中国链电商业务”在一个城市内的映射：

✓ 由注册在该城市内的所有简单寡头按照自己的设定完成；

✓ 由你的团队完成。

这两种模式仅是智能合约层面的差别，类比传统模式就是一个是外包、一个是分公司，这不影响整个数据地标拓扑的铺设，而且这两种形态所对应的合伙对象均包含国家公链，即都是发端于宏观的模式。它有点像“中国电信”的结构，但整体效能和构架完全不同。

你是不是开始不断“审视国家公链”？你有没有发现区块链的国家公链具备的不仅是原始数据资产投资，还肩负着很多“宏观教学”？

例如，在城市数据地标拓展这项内容上，宏观的力量和微观的力量在力度层面，从标量结果判断，二者半斤八两，也就是说让宏观推送 Alibaba 的商业结果和现在差不多；但在矢量层面，宏观产生的动态能量是微观不具备的，这不是“速率”问题，而是“矢量速率”问题。即便以你为中心，你所看到的弦约束方向也是由这种矢量速率产生的。这种约束会大幅度降低维稳成本和试错成本，会大幅降低整个社会的成本，绝不是“帮助一个人创业成功并成为具备商业话语权的寡头”。

这种宏观教育的直接体现是：你的“我要做电商”自由基通过了根服务注册，但这仅是个开始。

你已经看见了发端于宏观的创业模式的“冰山一角”：你的一个想法可以利用数据地标接口在一个城市落地，并借助国家公链根服务瞬间波及整个中国链拓扑。一个宏观形态被打造，这是带外挂的 RPG 游戏都不可能做到的，因为这是所有 RPG 的结局——你占领了游戏世界！

RPG 的宏大结局，在 CCG 仅是个开头。

好了，先停止欣赏你的“全球版图”，还有很多大工程需要实施呢！之前的新经济地产业务，你掌握房地产行业的规则了吗？如果还没有，赶紧去地产商圈层浸染。

俗话说，一屋不扫何以扫天下。所以，只要先做好一座城市，那么铺到其他城市的工作就可以交给公链。

中国淘宝目前表现出来的“细胞”是：一个人卖东西，所有人买他的东西，所有人既是买家也是卖家，淘宝卖流量。需要分析吗？需要继承吗？不需要。你现在应该考虑：政府的收益从哪来，重构可否为政府带来全新的收益。

CCG 是把城市政府看作“任务 NPC”，你要对其进行编程，让所有的数据移民和用户在此领取任务并获得收益。玩过游戏的人都知道，领了任务就要来交任务，交任务是为了获得奖励，那么完成任务 NPC 会获得什么？

不用考虑税收，它已经涵盖在智能合约中了，或者说税收是微观收益、是个体购买社会服务的必然支出。我认为，完成任务 NPC 获得的是数据资产，这个过程称为**数据资产国有化**或**数据资产公链化**。这是形成“区块链计划经济循环”的起始点。目前，这个循环和传统经济循环可能不相交，它们仅存在一个投资接口。

公链通过任务 NPC 获得了数据资产流动，而 CCG 玩家通过任务 NPC 获得流动价值映射——货币或有形资产。二者从一开始就形成教科书般的依存关系，并且这种关系越好，所有元素的收益就越高。

这也是区块链不能直接使用传统微观的产品叠加技术和创业直接形成新产品（产业），而必须经过一个（一组）非关联性属性封装才能形成的原因。传统经济的微观属性会扰动新经济的定义和弦约束的形成，也就是传统经济的有序规则在区块链“水土不服”。

经过任务 NPC 封装后，所有数据移民需要用全新的视角来分析“价值”，反过来，其返还给任务 NPC 的也必然是宏观所需的价值。

计划经济的高维设定：

计划经济可以投影出不同的经济形态，如发端于微观的市场经济、发端于宏观的区块链数字经济、发端于价值的映射经济[1]。

还会有很多经济形态在 AI、大数据、物联网、人联网后被投影出来，每个投影维度均可以独立生存，并可以有条件、有计划地融合，形成更大的经济效能。

任务 NPC 的重构模式：首先，不能对政府有任何改动性计划，需要做的只是针对一些政府接口进行映射编程，政府是宏观职能映射实例，它有很低的政策疏导成本和最高效率的执行力；其次，操作系统模块，需要围绕政府的数据资产诉求进行设计，这种设计具有通用性。例如，“漫威在巴黎”，就很像是两个不同领域的企业在洽谈一个“双方都不太懂”的事情。

再如，2017 年宁夏回族自治区中卫市由政府召开大会发布“冬日威胁”，其原因是：

原因 1　全域旅游需要全新的模式，政府认为“旅游 + 游戏”模式在宏观上可以尝试，因而按照策划方案推进（先行先试）。也正是这个发布，造就了中国链乃至区块链的场景实例，甚至可以说创造了全球区块链产业，而中卫市也因此成为所有私有宇宙的朝圣之地。这比借助虚拟币 Token 的发布吸引货币流来讲，有着巨大的差别。

原因 2　中卫市正在打造西部云基地，要将中卫市打造成西部的“云上贵州”，这需要大量的数据流过中卫，进而形成数据资产底层服务。“冬日威胁”代表区块链产业落户是政府发展方向的诉求，政府倾全力来完成。

所以，在你希望寻找最合适的公链时，先要把中国公链放到你的“篮子”里，因为中国公链是最大的区块链孵化器，至少目前（2019 年）是。

很快，很多国家也会开放类似的资源，以招徕简单寡头去开发数

[1] 详细论述，可参阅即将出版的《中国链数据资产和数据货币》。

据资产，区块链 Object 的扩散速率不会低于计算机 Object。不过，就资源体量看，中国都明显具有优势。至少现在你就可以开发“冬日威胁在巴黎”，而且将获得全中国的 ER 城市支持，既不会遇到不对等的谈判，也不必等待天使的降临，更不需要巴黎政府审批，同时中卫政府还会给你意想不到的支持。

中卫的案例，在城市政府重构算法上给予你一定的启迪，但这并不影响你融入自己的 ER 思想。

中国的宏观层面具备极高的效率，这种效率没有教科书可以寻找理论基石，但是每一次的结果都很亮眼。很多分析者认为中国的新旧动能转换、三去一降一补、CIIE、供给侧改革、双创等都是在弥补一些决策的低效，但如果你在“一带一路”的层面分析，结合中国对数字经济的开放程度，就不难发现，计划经济正在向世界展现一个“多投影（多引擎内核）经济体”的样貌。这种样貌正在改变以技术核心的传统经济独自占有自然资源的样貌，而且这种样貌对欠发达国家的和谐发展有着极为深远的意义。

你的城市重构，正是这种样貌的可视实例。将传统经济的产能数据化形成可分配的数据资产，让行为的价值替身减少劳动的不平衡，让更流畅的交换模式取代包装带来的人为差异，是区块链诞生的意义，也是一个融合型操作系统的使命所在。

第十章

数据标签

"旅游 + 游戏"模式，一开始我想写成"数字标签"，思前想后，还是沿用了数据的"文字化描述"。

文字是人类创造（或继承）的最"不可信"的信息载体，或者说是最唯心、最多中心化的信息载体，甚至可以说是迷宫混淆器（实例）。两个不同立场的人，都会用赞美的文字描述自己的立场。

文字最有意思的还是有一个 Object 级别的定义：

文字 = 真实信息

你能说这个赋值有问题吗？不能，因为你没有权限访问这个高级设定。你只能主观判断文字所携带的信息，得出如对错、好坏、还行等结果。总之，你会因为一组文字产生一个判断，并串接起你的一系列行为。

你有权向文字载波发送任何思想，并利用渠道传播出去，目的是获得你想要的信息反馈，在不考虑法律的情况下，也可以"看似不受限"地使用文字载波。

关于文字载波的深层代码，我们将在更有趣的关卡展示。这里，先讨论一个和文字载波相关的区块链实例——**数据标签**。

沿用"文字 = 真实信息"，你将如何操作？

数据标签 = ？

给你的提示是：数据标签很可能有无限多合法定义，而且数据标签间会有非函数型链接。这是人类思维惯性的一个常态，或者说是一种管理信息的模式，如生物界的门、纲、目、科、属、种，即便是到了"种"的级别，还会有分不清的现象，那就只能交给学者去研究。

再如，"食物"这个词语，从程序员的角度看，定义食物是一生的噩梦。

区块链也要用这种逻辑吗？用所谓的"抽象共识接口"？可以大胆地突破，毕竟人工智能（Artificial Intelligence）已经神秘地普及了，一个触发器连接互联网，给一个看似神奇的回复，就让人类欣喜若狂地进入了人工智能时代，商业的引领作用巨大。

我们的突破在于：

数字标签 = 原有的定义（文字）+ 区块合法定义接口

如果把区块链合法定义接口变成区块链合法定义，即加一个前置筛选模块：

数字标签 = 原有的定义（文字）+ 区块合法定义

你会发现，你可能在做一本字典，但实际却不像看上去的那样学术，因为在区块链里通用型学术服务很难卖出去，因而必须做一个区块“认为正确的商业字典”。具象化一点：

你必须做出自己认为正确的商业字典。

这样的字典，就是你私有宇宙的 Object 级别的文字载波。

你一定想到了“这项工作的复杂性和前置成本”，也想到了“偷懒”的办法，那就是直接平移目前的所有定义，并将接口端换成侦听器，甚至它是个“摆设”，没有任何实际侦听功能的空函数。

私有数字标签 = 原有的定义（文字）+ 侦听器

侦听器 = new Object.createInterface（“区块合法定义接口”，0）

这肯定能通过根服务的审核。作为传统的学生，你做到了“最大范围地将传统经济映射到一个私有宇宙”的壮举，同时也回到了“莫比乌斯环的正面”。在区块链，你一无所有。

传统学生和区块链商业学生的区别就在于此，传统学生的思维是满足学术规则，而区块链商业学生要具备的思维是满足学术认可的市场规则。不过，对于简单寡头而言，你要做的是引领规则。所以，你的空侦听器的注册会被根服务通过，因为根服务会认为“有一个大神有办法创造更优秀的传统商业规则”。这是区块链的一个理想，希望由你来变成现实，也就是将所有的私有宇宙的经济体量和变得最大。这一旦成功，一个上古预言就将实现：你就是普罗米修斯。

给出数据标签的“莫比乌斯环极限”后，我们说点凡人能力范围所及的事。

先做一个假设：

ER 居民需要食物。

注意，我的私有宇宙 ER 居民需要食物，你的并不一定，我给你展示的不是核心模块代码，而是一个弦约束。

当一个私有宇宙在其 Object 中写下 ER 居民需要食物时，他将面对无数种选择，如“ER 居民都吃金子”。但在面对大范围民众时，还是要从其能够迅速形成“商业结论”的灼伤点入手，这样就不会有选择恐惧。

按照灼伤思维，传统经济中与“吃”相关的产业是你要获取的“原始定义”，接下来需要迈出一小步：

映射现实中“与吃相关的产业”到你的私有宇宙，并将其写入（你的）**数字标签库**。完成这个动作后，你就可以发布和“国家公链内所有与吃相关的数据资产”的信息了，或者说，你可以操控整个公链的“吃资产”。

依照这种“假设”，你似乎可以顺藤摸瓜找到所有的“雷同假设”，但再往下想就会回到侦听器的灼伤中，这几乎成了一个固定的思维循环，或者说这很可能就是人类关于宏观与微观哲学的湮灭点。我们一直倡导“区块链是宏观发端的”，但是当宏观和“浩如烟海的微观聚集等同”时，所有聪明人都是从微观抽象开始思考，并不会理会宏观的形而上。

当我诱导你说出“ER 生物需要食物”并且突出其文字的时候，我将你引入了“一片微观之海”：

$$H_2O = \{ 食物 \}$$

而后，我想让你给这片海贴个标签，使它能赚钱，并分给所有 H_2O 的提供者。这个逻辑不仅牵强，甚至错误。但这种思想却很可能成为某个平台的广告，最终让其成为一个游戏。

看来我们在数据标签的设计上遇到了一个漏洞，或者说是一个陷阱。我们从一开始就孤立了“宏观”与“微观”，一直在探讨一种既能在宏观适用也能在微观适用的“中间件”，并要以此为“产品”出售给有类似想法（需求）的人。

之所以说“陷入一个（火种）陷阱”，恰恰就是这个“中间件”。

“中间件”不是我们要发明的，它是一种与生俱来的能力，是一种文字载波的频谱。过滤不需要的，保留合理的“中间件”，并最终形成“具象化描述”。例如，从食物到烧鸡，是你认为的一种合理的具象化过程；而从食物到烧鸡、到大粪，是苍蝇认为合理的具象化过程。

在区块链之前，数据标签也一直存在着，就如扩展现实（ER）一直存在一样，只是人们一直用灼伤的模式“增加（具象）属性”，而区块链要选择（多线程）刻痕模式来完成数据标签在未来的扩展。

再给出一个供分析的设定：

宏观 = 微观

这是个赋值语句，是将微观直接赋值给宏观，而不再做任何数学操作。

这是个多线程的接口，你需要设置类似数据滤波器来对私有宇宙宏观属性数据库进行构建。不要想得太复杂，让你的数字有“一个齿”即可，即找一个“信息源模型”，让所有人认为其是一个“可以摸得着的宏观”。

说一个“城市”的例子，希望能帮你缩小选择的范围。

城市 = 市花；

城市 = 奥运冠军；

城市 = 景区；

城市 = 历史事件；

城市 = 神话传说人物；

城市 = 戏曲；

城市 = 茶；

城市 = 历史人物及痕迹；

城市 = 自然事件。

……

以上“灼伤”模式，你一定也是“用户”。例如，一提到北京，我的第一反应是天安门；一提到上海，就是“大上海”，那时中国很少用“大”来形容一个城市。我们对一个城市的认知，一定是来自它的“标签”。

那么，我们顺着这个历史案例想，如果从现在开始，让你来决定一种“宏观 = 微观”的模型设计，会不会从“城市规模”开始作为最具商业价值的？这个问题不需要答案，因为在区块链里，所有问题都会导向一组答案。

当你的私有宇宙的数据标签载波的前值滤波器将共振齿设定在“城市”时，你的 CCG 也将由此开启，这个任务可以称为“数字地标设计”。

> 亲爱的数字移民，欢迎光临私有宇宙的 ×× 市，我们的城市数字地标是：××××××××××，大家可以利用该地标生成自己的总部基地，并获得相应的奖励。
>
> 奖　励：××××××，××××××××××，×××××××××××××。

如果你把上面这段话换成 ALibaba 创立之初的广告语，你会发现一个惊人的历史相似：

> 亲爱的企业主，欢迎加入 ALibaba，我们的服务目标是：帮你连接世界，大家可以利用我们的平台生成一个基站，并可获得相应的服务。
>
> 服务：××××××××××，××××××××××××。

是的，互联网是区块链的一个实例：

互联网 = new 区块链（ ）

互联网在刹那间为人类的文明增加了一个宏观标签，同时也成功地让其父类“试探”到了模式，并且降临到人世。

举一个有趣的例子。互联没有类似 Windows 的操作系统，它是脚本化的，到了“第六脏器”，计算机操作系统被完全底层化，而互联网产品的发端全部起源于用户获取成本（与技术无关的原始商业建模）。虽然各媒体都力推技术创业，但我只能将其归结为“媒体产品”，如果它产生大范围灼伤，那么媒体就需要自省脚本设计。到了区块链，操作系统被重新提及，而且上升到**中国链核心课程**的高度，这里的原因值得简单寡头思考。至少你看到操作系统被重定义了，它脱离机器、脱离网络、脱离科技，同时不完全依附传统哲学，似乎特立独行，它选择商业、选择商业重构的切入点，也许这才是最绚丽的华彩。

给互联网贴了一个数据标签，并称其为子类，说明我的理想是创造更多的互联网维度。

这里提到理想，在我看来，这就是每个人的莫比乌斯环起点：

宏观 = 微观

实例化后应该是：

区块 = 理想

这个实例，适合你，适合我，适合鸿儒会，也适合 2119 。

根据以上赋值，你要编写一个理想脚本来满足所有人对你的城市数字地标的憧憬和投资。在互联网时代，当点击率都是金矿的时候，一个可以满足理想的脚本甚至可以直接成立互联网 MCN 企业。

这里的满足理想量化成商业内容时，可能还需要继承滤波器组件，至少不能出现维稳层面的纰漏。

数字标签在商业模式上越来越像一种新型平台，如果你是做“数字标签”服务的，那反映在对方脑海的文字解调应该是：

你是一个区块链 MCN 服务商，你为他们提供某个城市的公链资源行为映射脚本服务及运营。

如果你是卖城市数据地标的，那么对方就知道：

你是个私有宇宙运营商，是一个原始区块。

如果对方恰好是一个传统企业，就会和你洽谈“挂接（链接）业务”。

以上是从一个城市的“齿”展开的分析。接着，再看一个“齿”：

联盟链 = 数字标签

这应该是中本聪模型考虑过的一个设计，中国链联盟链发端于传统企业的数字化服务，理论上任何一个企业均可以做一个联盟链，只是市场不允许。联盟链是一种物联网实例，即以企业产品或服务为中心，以某种数字标签模式链接公链形成的网络或拓扑。这不是个定义，而是阶段性商业描述。

从企业需求看，互联网改变了市场流程，但对企业的价值提升能力不太“专注”，因为互联网更关注“大量微观聚集的群体结果”。从企业本身（中心）看，并不受互联网需求影响，一个企业做到指点江山（尤其是跨行业指点）的可能性几乎没有，只能被互联网跨行业指导。这种产业的不公平，在商业范畴中无可厚非，但即便这样也阻挡不了企业指点江山的理想。

你要对企业说明自己和互联网不属于同一个产业，也不是要做另一个跨行业树立规则的新产业。你要让企业知道，区块链本身并不关注是否能与互联网一样，而是关注“能够创造多少互不干扰的资本维度”。

如果你和以企业达成了联盟链的智能合约，证明该企业的一组参数和你的滤波器产生了共振，那就可以发出一个物联网 CCG 任务了。需要提醒的是，在这个合作中，企业的产品与联盟链无关。这种无关性体现在收益上，就是你拿不到任何产品交易的收益，甚至可以说，如果你拿到收益你就一定不是区块链了。

你要去发现一组数据标签可以形成一个以此数据标签为中心的联盟链，并形成一个资本维度（锥形）。只有这样，才能产生价值流动并生成映射。

企业和企业联盟链的关系，需要由数据标签链接，而不能简单地设计为从属关系，这种模式最后会形成一组标准化企业（即无品牌企业），一组特定用户不论何时何地都会使用这个企业的产品，无须比较与其他产品的差别，也不再支付商品的包装成本。这是一个计划经济设计，但是其服务模式不是服务于所有国民，而是服务于一组特定的用户，这种计划的算法设计参数来自数字标签所传递的信息。

这是一种计划经济“去中间化”模型，中本聪的设计里也有这个要素。它是一种升级而不是一种革命，中间商退出历史舞台需要更高级的商业模式支撑，原本寄厚望于互联网，可是其表现有些惨淡。区块链的联盟链只有拿出更优异的答卷，才会让系统信服并让出中间商的模块。

可以看出，数据标签是一种新的文字载波组件，它可以承载所有的传统文字定义，同时向 ER 传递一种城市重构和企业重构的接口信息：数据地标、联盟链。

事实上，这个标签和法币的结合才是区块链的重头戏。

（野）史书记载，嬴政会见过外星人。嬴政到底是什么人，史书一直都没有说清楚。

“修个打不开的陵墓，还是我的假陵墓，是吗？”

“是的，陛下。”

“先别整没用的，你花了几千年的工夫儿，驾着五彩祥云来找我，就是让我帮你整个打不开的皇陵，然后假装把我装进去？”

“那倒不是，它的主要用途肯定不是陵墓。”

“那是什么？”

“要塞。”

“那就是说，它确实是陵墓，只是还有要塞功能？”

“它确实是个要塞，而且必须有陵墓功能。”

“陵墓还要什么功能？”

“2000 多年后，有人会重定义陵墓，重定义的陵墓就是打开要塞的密钥。”

“有意思，那现在至少要装个人物进去，也好让后人知道它的确是个完整的墓，对吧？”

“是的。”

“你说不装我，装谁呢？”

“……”

“建在哪里，建多大规模？”

“入口建在骊山，规模可能有点大。”

第十一章

“创世纪”模块

本章的章题是大胆的尝试，这个题目有点文艺，不像是学术语言。可是，我可以负责任地告诉你，本章的章题实质上就是学术的，而且是加了数字标签的。

有位大程序员将所有关于人生的话题，抽象出共性并将其完整地描述，使之成为传世经典。这位程序员的名字是我辈必须牢记的——威廉·莎士比亚（William Shakespeare）。

虽然中国的汤显祖也很优秀，但他不是程序员思维，所以不如威廉·莎士比亚更有普适性。

之所以提及一个程序员先祖，是为了告诉你，被灼伤不是坏事，相反是一种资源的积累，其间的区别只在于你是不是威廉·莎士比亚。

《创世纪》第一章

1–1 起初神创造天地。

At the first God made the heaven and the earth.

1–2 地空虚混沌，渊面黑暗。神的灵运行在水面上。

And the earth was without form, and void; and darkness was upon the face of the deep. And the Spirit of God moved upon the face of the waters.

1–3 神说，要有光，就有了光。

And God said, Let there be light– and there was light.

1–4 神看光是好的，就把光和暗分开了。

And God saw the light, that it was good– and God divided the light from the darkness.

1–5 神称光为昼，称暗为夜。有晚上，有早晨，这是头一日。

And God called the light Day, and the darkness he called Night. And the evening and the morning were the first day.

1–6 神说，诸水之间要有空气将水分为上下。

And God said, Let there be a firmament in the midst of the waters, and let it divide the waters from the waters.

1–7 神造出空气，将空气以下的水和空气以上的水分开了。事就这样成了。

And God made the firmament, and divided the waters which were under the firmament from the waters which were above the firmament– and it was so.

1–8 神称空气为天。有晚上，有早晨，是第二日。

And God called the firmament Heaven. And the evening and the morning were the second day.

1–9 神说，天下的水要聚在一处，使旱地露出来。事就这样成了。

And God said, Let the waters under the heaven be gathered together unto one place, and let the dry land appear：and it was so.

1–10 神称旱地为地，称水的聚处为海。神看是好的。

And God called the dry land Earth; and the gathering together of the waters called he Seas：and God saw that it was good.

1–11 神说，地要发青草和结种子的菜蔬，并结果子的树木，各从其类，果子都包着核。事就这样成了。

And God said, Let the earth bring forth grass, the herb yielding seed, and the fruit tree yielding fruit after his kind, whose seed is in itself, upon the earth– and it was so.

1–12 于是地发了青草，和结种子的菜蔬，各从其类，并结果子的树木，各从其类，果子都包着核。神看着是好的。

And the earth brought forth grass, and herb yielding seed after his kind, and the tree yielding fruit, whose seed was in itself, after his kind– and God saw that it was good.

1–13 有晚上，有早晨，是第三日。

And the evening and the morning were the third day.

1–14 神说，天上要有光体，可以分昼夜，作记号，定节令，日子，年岁。

And God said, Let there be lights in the firmament of the heaven to divide the day from the night; and let them be for signs, and for seasons, and for days, and years.

1–15 并要发光在天空，普照在地上。事就这样成了。

And let them be for lights in the firmament of the heaven to give light upon the earth– and it was so.

1–16 于是神造了两个大光，大的管昼，小的管夜。又造众星。

And God made two great lights; the greater light to rule the day, and the lesser light to rule the night– he made the stars also.

1–17 就把这些光摆列在天空，普照在地上。

And God set them in the firmament of the heaven to give light upon the earth.

1–18 管理昼夜，分别明暗。神看着是好的。

And to rule over the day and over the night, and to divide the light from the darkness– and God saw that it was good.

1–19 有晚上，有早晨，是第四日。

And the evening and the morning were the fourth day.

1–20 神说，水要多多滋生有生命的物，要有雀鸟飞在地面以上，天空之中。

And God said, Let the waters bring forth abundantly the moving creature that hath life, and fowl that may fly above the earth in the open firmament of heaven.

1-21 神就造出大鱼和水中所滋生各样有生命的动物，各从其类。又造出各样飞鸟，各从其类。神看着是好的。

And God created great whales, and every living creature that move, which the waters brought forth abundantly, after their kind, and every winged fowl after his kind- and God saw that it was good.

1-22 神就赐福给这一切，说，滋生繁多，充满海中的水。雀鸟也要多生在地上。

And God blessed them, saying, Be fruitful, and multiply, and fill the waters in the seas, and let fowl multiply in the earth.

1-23 有晚上，有早晨，是第五日。

And the evening and the morning were the fifth day.

1-24 神说，地要生出活物来，各从其类。牲畜，昆虫，野兽，各从其类。事就这样成了。

And God said, Let the earth bring forth the living creature after his kind, cattle, and creeping thing, and beast of the earth after his kind- and it was so.

1-25 于是神造出野兽，各从其类。牲畜，各从其类。地上一切昆虫，各从其类。神看着是好的。

And God made the beast of the earth after his kind, and cattle after their kind, and every thing that creepeth upon the earth after his kind- and God saw that it was good.

1-26 神说，我们要照着我们的形象，按着我们的样式造人，使他们管理海里的鱼，空中的鸟，地上的牲畜，地上所爬的一切昆虫。

And God said, Let us make man in our image, after our likeness– and let them have dominion over the fish of the sea, and over the fowl of the air, and over the cattle, and over all the earth, and over every creeping thing that creepeth upon the earth.

1–27 神就照着自己的形象造人，乃是照着他的形象造男造女。

So God created man in his own image, in the image of God created he him; male and female created he them.

1–28 神就赐福给他们，又对他们说，要生养众多，遍满地面，治理这地。也要管理海里的鱼，空中的鸟，和地上各样行动的活物。

And God blessed them, and God said unto them, Be fruitful, and multiply, and replenish the earth, and subdue it– and have dominion over the fish of the sea, and over the fowl of the air, and over every living thing that moveth upon the earth.

1–29 神说，看那，我将遍地上一切结种子的菜蔬和一切树上所结有核的果子，全赐给你们作食物。

And God said, Behold, I have given you every herb bearing seed, which is upon the face of all the earth, and every tree, in the which is the fruit of a tree yielding seed; to you it shall be for meat.

1–30 至于地上的走兽和空中的飞鸟，各种爬在地上有生命的物，我将青草赐给它们作食物。事就这样成了。

And to every beast of the earth, and to every fowl of the air, and to every thing that creepeth upon the earth, wherein there is life, I have given every green herb for meat– and it was so.

1–31 神看着一切所造的都甚好。有晚上，有早晨，是第六日。

And God saw every thing that he had made, and, behold, it was very good. And the evening and the morning were the sixth day.

《创世纪》的第一章，像不像一个操作系统实例？其中的模块覆盖了近乎所有事件的接口，直接扩展出了目前的世界。后续的不再列举，这些很像一个“背景 + 脚本”，把人和神的关系约束在一组脚本上，我甚至认为，这个脚本和莎翁代码有着很明显的继承关系。

从这个层面看，宏观发端的复杂度并不比微观发端复杂，只是“时机不成熟”或“技术达不到”。目前的技术差不多了，时机就看你了，如果你真的能读懂《创世纪》，那么时机肯定到了（多中心）。

再举几个思维继承的例子，如漫威、封神、西游、三国等，其构建手法均是《创世纪》的实例，而且每一个都在持续提供“封闭宇宙级别的产业输出”。

具象化一下，如果我们将《创世纪》的第一章看作数字标签的一个实例，你很可能发现一组映射秘钥，甚至可以清晰地发现“商业精髓”出自这一章。

你要暂时放弃“抽取秘钥”的激进思想，因为那会使你回到微观。你现在要做的是直接按照《创世纪》的结构，加上自己的“修辞手法”，开始建设你的宇宙。

这里的修辞手法，很可能是一个“弦”。在微观禁锢中，它可能被称为幻想，所以这个弦的实现只能通过艺术形式。也许能够在现在这个宇宙实现的“弦”也不少，但这一定是少数人的使命使然。

但是，区块链的目的是要释放更多的“弦”，让其能够在一个基于商业的 ER 环境中实现，以此来证明《创世纪》一直都在“运转着”。

还记不记得“该是占领一座城市了”出现在哪一章？从这句话开始到目前，都是一种适应性准备，接下来，我们真的要开始一次“大规模占领”。

西安城 = new“冬日威胁”.createCity（ ）

和之前不同，这是一个指令，实实在在的、不可更改的指令。

发出这条指令的是西北老马。那个依然生活在石嘴山防空洞里的悠闲人。他的红酒还没喝完，就像他的任务还没有完成一样。

一个自称“七哥”的七根手指的年轻人，最先收到西北老马的指令，或者，这条指令就是发给他的。

七哥的表情很陶醉，他轻微地摇着头，耳畔似乎回响着英格玛的迷幻，整个世界在他眼里都很奇幻。在接到指令后的四个小时内，他什么都没有做，似乎在享受着什么。那是一种来自“诀别”的享受，一定有什么东西将一去不返。

当大家习惯了中卫城上空的大光圈后，西安城再次给世人带来了很难平复的刺激。整个西安城，一夜之间漂浮到了空中。西安城距离地面一公里，所有的建筑安然无恙，此时托举着城池的是一个淡金色的半球。地面上，只有一个边缘整齐的半圆形巨坑。

骊山，依然安详，没有任何变化。

为一座城市贴上数据标签，用《创世纪》第一章的代码结构，一个鲜活的宇宙就此诞生。这是一种商业宇宙的设计，而非文字宇宙的设计。这种“基于一座城市的数字标签”的宇宙设计，可以扩展出文学宇宙，不追求“思维逻辑的完整”。

这种宇宙设计追求的是另外一种完整——**产业完整**，即必须形成商业闭环，甚至经济闭环。因此，围绕一个城市的“创造”刚刚开始。

从理论上讲，我们可以很简单地获得一个创造通道，这个通道的建模依然是学习“计算机操作系统的第三代标靶病毒——互联网”。

这里，应该是致敬杭州这座城市的时候了。杭州又称“ALibaba之城”，它不仅在商业上得到了大家的认可，而且2018年若不是因产业不成熟，“区块链之城”也将成为杭州的一个数字地标。一个“网站”（注意此处没有用“企业”）能够代表一座城市，尤其是代表城市的经济体系，无疑是一个“商业财富级的创举”。也正是ALibaba，才会让区块链浮出水面。

ALibaba 案例给出了这样一个结论：

城市 = 网站

但是，令人纠结的事实是，到目前还没有第二个 ALibaba 级别的**网站之城**诞生。

不妨仔细分析一些因素。

首先，理论上，网站是不依靠城市属性而存在的一种基站形态，所有网站的资源总量都是公平的，至少在 IP 地址上都是一样的，尽管有人炒作 IP 地址，那不过是一种道具游戏，其管理端都是一个 IPV4。

网站并不能孤立的存在，而是需要一组很强的耦合参数，在参数中最大权重是客户获取成本，这是由互联网盈利模式决定的。同时，其客户获取是一种“微观的庞大”，也就是其需要共性群体，并且为了能够生存必须要覆盖数以亿计的共性群体，才能够获得资本的持续支撑并达到互联网盈利阈值。所以，一个网站依靠捆绑一座城市，哪怕是巨大的城市也无法满足其阈值的需求。

在“第六脏器”普及后，城市壁垒荡然无存，任何网站都可以靠资本的堆砌直接获取市民的点击率和行为，无须加入一个毫无用处的合伙人——城市。

其次，从城市端看，几乎所有的城市经济都是导入式经济，也就是必须将企业（不是网站）注册在本地，哪怕是总部经济都必须要完成一种城市认可的合作模式——纳税。只有在这个硬条件之上，才有可能谈其他的业务形态。但是，诸多城市在完成纳税流程后，便不再有商业化作为。这种类型的合作对仅限于需要用户的网站来说不是资源合作，而是一种硬成本，所以，在互联网成熟期，导入式经济与网站很难达成实质性合作。

由此可以看出，ALibaba 实际上是一个产业奇迹，它不可模仿，也不能轻易复制，就如各历史阶段的巨型寡头一样，只可敬仰，不可妄图站在其肩膀上。

在我看来，这是一种资源的浪费，当然也可以看成是宏观商业的潜在增长点。

“一城一 ALibaba”深层次的意义是：所有的简单寡头都应该学习ALibaba，要尽量站在它的肩膀上。这也是私有宇宙“城市创世纪”的开篇脚本。

目前，你所处的时机和 ALibaba 基本吻合，且大环境要优于ALibaba，再加上一个“前 Dos 时代”的时间设定，你应该感觉到了“温床”的存在。

接下来，抽象出一个接口：

```
Internetface 杭州
{
}
```

里面是一个“你的黑箱”，也就是你眼中的杭州所要具备的数字标签，而后将这个接口赋值给你所要“创世纪城市”。例如，

西安 .ALibabaInterface = 杭州

在你的 ER 主城内生成一个具备 ALibaba 能力的“杭州”。

至此，你的《私有宇宙创世纪》大概完成了两章：第一章继承了上帝的模式，第二章继承了互联网时代以区块链角度分析所看到的最成功的模型。同时，利用发端于宏观的思维模式，即不分析 ALibaba 的微观特例而直接告知数字移民或即将诞生的 ER 生物，“ALibaba 是一个标配资源，而不是需要掌握的高深技巧”。它是普适的，不是万中选一。

这种宏观设定是区块链与生俱来的基因。它可以抽取所有维度，包括目前传统经济维度的最优结果，并将其普适化到包括空间和时间的所有维度。

《创世纪》的第二章诞生了亚当和夏娃;《私有宇宙创世纪》延续了上帝的思维，诞生了 ALibaba 与杭州。从代码的角度看，两者十分类似，惊人的类似。

从《私有宇宙创世纪》第三章开始，我们将看到纷繁不同的世界，

区块链拓扑接口也会以此大量开启，为共产进入“蓄力”阶段。

一个与生俱来就拥有“ALibaba神力”的小孩子会干什么？我觉得“到远方开疆拓土”是个不错的脚本选择，我们把第三章定为“大君归来”，这不仅很霸气，也符合人类发展的历史——部落诞生了。

西安 .createNewCity（ID，“CityName”，“ERCityName”）

这是一个数字移民的有效设定参数，一旦有一个数字移民利用该模块生成自己的ER城市，则证明你的版图就大了一块。这是二维商业思维，也是最初的“家国天下”哲学思维的体现。

其实，目前的企业结构有一定缺陷，一个主要的原因是“其商业诉求压制了有情怀人物的发展”，甚至容易滋生懒惰和腐败。而区块链则回归情怀（这种更高级的社会精神元素）的创造，通过宏观的数据资产投资和AI为“情怀人物”解决商业壁垒，让他们不再走很多弯路，这是社会资源优化的重要体现。例如，一个想建设彩霞满天幻境的孩子，如果真的让他（她）在西安城挂满彩霞，会是什么结果？其商业价值和社会价值真的不可预期吗？在AI、大数据、AR等新技术的支持下，一个极具创造力、未被任何陋习和卑劣所伤害的孩子，很可能就是区块链中的最高附加值创造者。在莫比乌斯环的背面，任何看上去的合理与不合理，都可以具备全新的样貌。

假如《私有宇宙创世纪》第三章的结局是，所有的城市都具备了西安的属性，“西安”成为一个世界，那接下来该做什么？要卸甲归田，向子孙讲述这个传奇吗？对不起，其实到现在，你还什么都没有开始。

你需要回到你的主城，开起数据资产的阀门，激活你的CCG背景，开启非关联属性的拣选通道，发布区块链MCN的构建模式，激活一系列的操作系统模块，迎接一个独立历史的开启。我想，这应该是第四章“天启”。

当你为自己的私有宇宙画出发展蓝图后，就需要一组天使来帮你工作，所谓的天使就是ServerBoss，一些有钱、有控制欲的数字移民将会在你的设计里融入自己的“风格”，再将整套内容安装到一座城市内，并开始有选择的抓取 MCN，进而形成国度。

这些人和“大君归来”章节中描述的人物不同，他们是产业链上下游的关系，从地产行业角度看，他们一组是拿地的，一组是规划和建设的。这两组人碰撞出的火花才是区块链产业真正的原始爆发点，或称为**区块链宇宙奇点**。能够创造该类奇点的简单寡头，此刻才算真正获得“区块链专家”的称号了。

是时候做一次阶段性封装了。以我的经验，如果全球有 1000 人做了至上的封装，你们之间的通讯量就可以满足区块链启动所需阈值。

再引一个非常迫切的问题：**公链资产的输出**。

在这个问题上，你有两个选择：

选择 1　等待。

选择 2　利用 ALibaba 基因自行生成。

这里，简单分析第二种选择。

这可能是一种递归程序，它有两个分支：

✓ 公链重构

✓ 联盟链

这两种形态可能会普遍存于全球化的区块链体系中，会衍生大规模的数据资产属性变迁行为，由此产生的行为映射也会完全不一样。

从客观的角度看，ALibaba 基因在某种环境内可以产生巨大的爆发力，可以在很短的时间内拉平两个商业结构的悬殊差距，甚至可能改变一组产业的结构和输出。在国控开关还没有完全发挥效能的时候，ALibaba 基因很可能是撑起区块链在宏观层面不坍塌的主要通道，甚至可以直接衍生国控开关。

从政府的角度看，ALibaba 基因是城市政府构建新经济的一种模式，要比“政策性开放城市数据资产”更实惠。因为大多数政府在 2019 年并没有完整的数据资产定义和开放模式，如果将这个工作完全交予政府来完成，并不是最优选择，或者说并不能得到很好的属性接口。

ALibaba 基因在衔接政府与个体创意环节表现出的结果，可以被广泛使用，只要在宏观保留“数据资产国有化”的设定，即可完成国家公链的联合建设目标。

ALibaba 基因更像是 Orion 的某个接口系统，利用这个接口向公链写入资产，并通过公链派发到其他拓扑，这将是 ALibaba 基因历史级的应用实例。

也正是 ALibaba 基因，让中国链的定义——多中心化，自由基加密合伙技术，且允许以继承的方式——重定义，得到了更大层面的适应度。当公链均可以围绕一个中心发生变化时，该中心点就没有了羁绊，可以更灵活地完成各类动作，创造出效率更高的流动价值和价值投影。

第十二章

ALibaba 基因

继续上一章最有商业样貌的话题：

ALibaba 基因

之所以对它如此关注，甚至在很多构架级设计中毫不隐讳地使用ALibaba 基因作为接口点，是因为 ALibaba 基因是最接近（国家）公链的实例。

2000 年。

上海徐家汇。

一个刚刚开始闯世界的年轻人，既踌躇满志，又步履维艰。

他遇到了很多年轻人初涉大上海的共同的难题——生存，他急需找到一份工作。虽然他天赋异禀，才华出众，但是还要审时度势，等待时机。

此时，他收到了一份“阿里巴巴”的招聘传单，公司的名字直接让他想到了《一千零一夜》。他微笑着扔掉了传单，虽然心中有莫可名状的小涟漪，但并没有影响他放弃“阿里巴巴”的结局。

多年以后，ALibaba 基因成了教科书，那个年轻人成了大叔。他隐居尼泊尔，壮志未酬，还在等待。

故事让人感慨万千，而我想说的是一种“可复用选择接口”的设计。

如果有这样一种操作系统接口：

- ✓ 可以简化选择行为
- ✓ 能在同一时间出现多重选择
- ✓ 能够回滚

那么，年轻人最终获得 ALibaba 系统收益的概率会不会远大于 2000 年？如果真有这样一组接口 SaaS，其商业规模会不会很大？

答案是毋庸置疑的，一个类似“后悔药”的服务，一定比瘦脸针的市场大几百倍。

让我们试着从 ALibaba 基因中找到一些形而上的价值。

第一，ALibaba 基因是中国第一个提供“个人中心化商业平台”模型的互联网构件，它让互联网成为市场而不是“行为终端”。

如果回到 2000 年，杭州开放了“数据资产”相关通道，世界变化远大于现在的样貌。同时期的盛大、搜狐、OICQ 等网络产品不具备该项功能，因而 MCN 基因源于 ALibaba 基因。

个人的商业行为在互联网最终没有形成绝对的维度化，这不在于没有区块链，而是在于没有足够的投资。即便以现在的眼光看，最早的淘宝网店可以算得上是区块雏形，但仅是雏形而已，并且 20 年中没有得到进化的能量。

第二，ALibaba 基因成为寡头。

这是一个偶然现象，只不过因坍塌成为历史，因此，任何系统分析 ALibaba 成为巨头的商业报告都是学术的，无法完整拷贝到另一位身上。在弦约束层面，ALibaba 基因成为寡头，形成一个约束矢量，在公链投资充足的情况下可以支撑很多个 ALibaba 基因线程并行，且不产生非必要性交集。

我们要应用 ALibaba 基因的结果驱动一个新的拓扑，至于其形成所谓寡头结果的过程是可以被忽略的。不过有一点要注意，不是所有寡头的结果都可以直接拿来形成弦约束，像 Microsoft、Apple 就不行，原因是其核心产品太过复杂，并且其寡头定义与产品的耦合度很高，无法直接在区块中迅速形成扩散。这是区块链“技术休眠”设计的一个原始数据支撑，将你置入“前 DOS 时代”，你可以做出现在的 ALibaba，但是肯定做不出现在的 Apple。这也是 ALibaba 称作基因的原因之一，其可适用于任何时间窗口，而不依附于所谓的技术限制。

第三，ALibaba 基因的“C2”模式给了一个自然人最大的幻想空间。

在我看来，C2C、C2B 模式的理论源头均来自 ALibaba 基因，互联网人的“C 端”说法和一些宽泛的商业行规也来自 ALibaba 基因。不过，“C2”最严谨的说法还是“多对多”，这区别于“一对多”。这是一种多维的设计，从模型上可以认为其阈值与区块的阈值相等。从这个层面看，计算机操作系统的 Object，其实给人类留出了多维接口，是其希望通过屏蔽“人性”的影响，用 {0,1} 来搭建类似区块链的多维拓扑，而 ALibaba 基因恰好利用到了这个功能，并生成了“带有个人中心化的商业行为平台”，且在技术上取得了完美的成功。

在这里要十分明确地提出一个论点，可以延伸讨论：网店和实体店完全不是一种商业形态。这个论点在中国链中，被定义为规则，即在中国链范畴内不讨论这个论点的对错，只能找支持这个论点的商业证据，并将其写到你的 ALibaba 基因继承模块中。

将网店与实体店完全分开的目的，是将实体店归结成传统价值，也就是静态价值；人为地将具备 ALibaba 基因的网店归结为动态价值。但是在区块中，动态价值的体现模型需要私有宇宙自己定义。

你甚至可将其捆绑在你的 OEM Orion 矿机上，让其成为你数字移民的标配工具，不过具体属性的抽取还是一件“很艺术”的工作，需要稳定的实验室数据支撑，至少不能直接用有价商品串接，ALibaba 基因已经向你展示了这种串接的一个规模化的结果。

你需要将“C 端”的想象力向高维约束，而不用在广度上下功夫，ALibaba 基因帮助你完成二维布局，你要做的是在这个维度上创造价值，并且让其有一个函数关系存在，也就是与 ALibaba 基因存在必然的连续性。

第四，ALibaba 基因在理论上为一个人提供了“一个成本最低的全球货源”。

在将来很长一段时间内，这都是 ALibaba 的一种战略构思。这种全球货源（数据）就是公链资本的实例，甚至就是国家公链（非中国）。当 ALibaba 基因中存在这个模块的时候，其盈利模式很可能就会转化成“共产 + 智能合约”，也就是 ALibaba 会参与每一笔交易合伙，从投资人的角度分析。现在的 ALibaba 具备这样的实力，从阿里云、芯片、操作系统、全球市场等层面的布局看，ALibaba 很可能在制作**类公链大数据 SaaS**。

但这种来自 UGC 和电商 MCN 的信息聚集模式，很可能是 ALibaba 的一个软肋，这不在本书讨论的范畴中。

从形而上的角度抽象，ALibaba 基因已经携带了公链模型，其和公有制和私有制均能通过简单的接口形成公链映射，只是接口的样貌不同，公有制的更简单，因为不需要考虑“核心算力”归属的问题。

ALibaba 基因的这个功能会让数字移民很容易接收来自公链的赋能，而无须学习任何新知识，甚至无须掌握任何新技术。微信端挂接电商功能，很像是 ALibaba 基因的一种实例，其虽暂时（2019 年）无法实现区块链的突破，但在形态上很接近区块链的终端节点样貌，即一个没有拓扑的区块。

第五，ALibaba 基因创建了一个电商宇宙。

结合上一章的《创世纪》脚本，可以很容易地导出 ALibaba 的电商宇宙属性定义。其将线下购的交易行为映射到互联网，形成一个带有非关联属性的新行为——（C2C）网购，这种行为下的生物具备完整的生存法则，甚至已经衍生出大量的商业需求。

根据区块链的设定——网店和实体店完全不是一种商业形态，那么，网购与线下购物不是一种商业行为，二者无雷同的商业定义。

可以看到，当一个具备非关联性属性的行为映射出现后，其商业绕动力不可估量。虽然目前看网购与传统购买存在竞争关系，但网购衍生出的独立宇宙（生物）需求是传统购物本身无法实现的，在这种意义上网购就是一种私有宇宙的形态，但由于其并没有与传统经济的价值映射接口，使得网购以侵略者的姿态与传统产生交集。不过，这并不影响 ALibaba 基因本身的先进性，以中国链为中心看，ALibaba 基因是目前最健壮的私有宇宙基因，任何一个私有宇宙均可将该基因融入自己的宇宙。

最简单的办法是：

私有宇宙行为 = ALibaba 基因 . 网购（ID，国家公链接口）

直接将（网购）生物赋值给你的 ER 生物，即可诞生大量的生物物种。这些种群天生具备网购基因，其一出生就可以植入区块链 MCN 的属性，可以快速成长为一个三维生物。这种三维拓展与 ALibaba 本身的业务形态没有交集，就如其本身和传统交易没有交集一样，因此，不必考虑网购的市场因素，只需继承网购这个行为映射的精髓。记住，一定是继承“精髓”，也就是发现其产生核心价值的“非关联性属性”；千万不要继承“网络交易动作”，在物联网交易动作很可能发生变革，即便是有延续性也不会是网购的精髓。

此处，有必要简述私有宇宙的体量参数。你不能将 ALibaba 基因引入，误认为是“立刻生成一个与 ALibaba 体量相等的宇宙”，这是不可能的。就如广袤的大地和一幢大厦的区别，你要做的是在 ALibaba 基因广袤的体量上树立起自己的三维宇宙，而不是复制一个 ALibaba。

你需要得到一个非关联性属性算子：

网购 + 你的非关联性属性

而不是直接使用网购再生成一个二维宇宙。

第六，支付宝所携带的数字货币基因。

支付宝是 ALibaba 基因能够称得上区块链基因的核心，尤其是其对法币的编程让法币数字货币跨越了很多障碍。甚至可以说支付宝模式是 Bitcoin 的父类和容器，和支付宝相比，Bitcoin 更像是网游宇宙内的道具。

因支付宝而诞生的互联网金融业务，是互联网对社会文明的前进做出的伟大贡献。

支付宝是电商宇宙的价值流通方式。在此，中国链也有一个定义：

支付宝支付与现金支付是两个商业范畴，二者并无交集。

在这个定义下，支付宝就成为ALibaba基因携带的另一个非关联性属性，并且该属性的可编程度比前一个更简单。

其携带的接口可以直接形成货币网络业务，又称“钱联网”，一个物联网的底层通讯协议，就如TCP/IP一样。

用支付宝取代TCP/IP，绝对是哲学的一次伟大扩展，也可以看作是人类抛弃行业壁垒走向哲学统一的一次胜利。

TCP/IP是纯计算机网络技术的一个实例，支付宝是区块链的一个模块，就如TCP/IP是水泥、支付宝是构件一样，想要快速盖楼，用什么可想而知。人类在编程技术上已经陷入偏执的泥潭，还表现出某种高傲，对其进行“哲学化重构”或“商业重构”十分有必要，就如我们说ALibaba是一个先进的基因，而Windows、Apple不是。依靠技术构建整个人类时间线的灼伤，并不一定是一个最优方向，如果从多线程看，ALibaba基因本身的模块化风格已经完全超越了比尔·盖茨和乔布斯的技术帝国形态。

从商业角度看也是如此，开放代码给社会带来的依然是寡头经济，依然在一个平面内发展，而ALibaba基因的模块，正在给普通人带来“中心化的通道”，并正走向多维化。

当采用支付宝作为私有宇宙的价值流动继承点后，我们发现电商宇宙已经将私有宇宙带入了资本主义时代，直接跳过了奴隶社会和封建社会。这个跳跃完全有必要，不管背景故事是否存在君王或天帝，你的私有宇宙的经济系统必须建立在“发达的资本主义”之上，也就是你的ER生物即便是利用冷兵器和魔法战斗，都必须使用支付宝衍生出的货币流动方式。

对ALibaba基因的抽取举例，暂且到此，但你的工作还要继续。毕竟你的死人宇宙和“冬日威胁”不一定在同一时空，即便在同一时空也可能不在一个逻辑服务器，你一定要有点“炫酷”来标榜你的存在。

这里又有一个问题，为什么不分析阿里系，而只单纯地抽取淘宝和支付宝两个产品？

客观地说，我们无法完整地研究阿里系，那是一个资本混沌体系，说的宽泛一点，是一种守恒体系，是为了利益均衡和稳定。阿里系更像是区块链的“老年形态”，或者说是区块链拓扑奔向解列的时期。单一的区块链拓扑不会发展到阿里系这种规模，一旦到了这种规模，系统会存在大量的高耗能节点，区块链将通过解列的方式将其结束。股权类的资产形态，在区块链也有可能会被强烈地弱化或演变成新的股权样貌，尤其是在公有制的共产模型下，劳动力会被区块链带离钱本位的世界观，进而向创造需求的世界观流动，钱会被留在传统经济的需求系统内，这个系统一旦被压缩，阿里系的发展方向就会有一个结构性变化。

还有，阿里系不是区块链，不能抽象出私有宇宙所需的基因，尽管在学术上存在某些生搬硬套，但真正付诸实践，阿里系完全没有支付宝那样的编码层次。诚实地说，阿里系不是宇宙，从区块链角度看，其不如淘宝有价值。

你不要尝试以资本链的心态定义一些不可实例化的接口，并套上“阿里系宇宙”的壳，去说服数字移民进行大规模开发；更不要贸然使用杠杆，中国链本身是没有杠杆接口的，至少暂时没有，因此没有虚拟币业务，同时也没有基于虚拟币衍生的杠杆业务，这就是说一旦以杠杆为基础设计私有宇宙的资本形态接口，那么和公链的对接就会受到限制。

如果我们的宇宙植入ALibaba基因，区块链是不是就融入“第三代标靶病毒——互联网标靶”了？记得我们称区块链为第四时代，而且明确指出区块链不是病毒。但是，我现在要明确告诉你，中国链存在ALibaba基因，而ALibaba是“互联网+第六脏器”传播的一个非常广泛的“病毒物种”。这样，中国链、“冬日威胁”与互联网标靶病毒之间的关系扑朔迷离。

中国链正利用物联网模型将大互联网割裂，使其形成大物联、小互联的局面，这种改变将会波及整个数据系统、算法系统、终端，多维的设计是要让产业链变得更短且层出不穷，进而区块链会以产业链为基站，重新建设一个更大的互联网，这个网的访问端口不再是个体而是产业链内的区块。

由此看来，区块链是以一种吞吃的姿态出现，其将以互联网为食物，就如白细胞以细菌为食物一样。

吞吃 ALibaba 基因，只是这次大规模吞吃的开始。

“ALibaba 基因”，穆风岚反复地自言自语。而后轻轻地摇了摇头，凝视着窗外。

从 Shanghai Tower 的顶层，可以看到很远。穆风岚看到，一大片乌云正在远端急速生成，并以惊人的速度向她靠近。

十分钟后，Shanghai Tower 竟被这突然形成的强对流云层吞没，就如进入了一个怪异的空间。

穆风岚将目光收回到自己的电脑屏幕，冰雹敲打玻璃的声音密集地响着，一束极亮的闪电划过，带来了一串摄人魂魄的雷声。

穆风岚感受到巨大的能量带来的震慑。她起身，走到窗边，等待下一道闪电的来临。

真正搅扰她的，并不是这诡异的天气，而是那封来自尼泊尔、标题为“ALibaba 基因”的加密电子邮件。

第十三章

公链重构

上一章提到的“后悔药”，经过 ALibaba 基因的约束，已经可以看到一线希望。

回滚是计算机操作系统中非常普遍的动作，其仅是将一组数据恢复到某个状态，无须负责很多复杂的关系。因此，在计算机世界中，“后悔”很容易，如果忽略时间成本，那“后悔”就是常态。

由于 ALibaba 基因自身携带了互联网、数据库、计算机等很多特点，因此其本身也是具备“回滚”功能的，但在中国链物联网阶段，其回滚策略需要进行一次重构，才可以成为区块链 Object 的子模块。

我们设计一个约束：

回滚什么？

这里，我们先回到上一章的一个需求：

✓ 可以简化选择行为

✓ 能在同一时间出现多重选择

✓ 能够回滚

假设我想利用以上的某个服务，要么让我回到 2000 年加入阿里巴巴；要么让我不再错过类似的机会。

“回到 2000 年并加入阿里巴巴”看上去像是童话，但先不要急于否定它，这个看似荒诞的想法，也许可以做深层的剖析；“不再错过类似机会”时空不错位，但以现在的商业规则，其成本无法估量，那就无法设计一个有效的回滚策略。

区块链能不能实现这个想法呢？值得挑战，就如 Windows 成功地改变了世界一样。

在中国区块链模式中，能够大范围回滚的节点只有一个，那就是国家公链，在内部代码中的设定是**区域唯一公链**。这样的设定是一种底层重构。

国家公链是区块链商业能量之源，是一种宏观能源，它和发端于微观的需求分析完全不同。尤其在经济矢量轴上的损耗，宏观能源接近0；而发端于微观的需求存在大量与矢量方向有偏差的能量损耗，单个损耗的最大值来自其方向与经济矢量方向相反。

国家公链的能量以“合伙”形态，配给所有节点，而且所有节点获得的配给在任何时间片段内均等，这就是做到了**简化选择行为**。

作为寡头，你一定深谙“选择”行为的商业价值，任何一次选择均是一次投资，看似无序的选择集合形成了一个人的社会样貌。发端于微观的选择在绝大多数情况下都是一个“或”，而区块链至少可以提供“同或”“异或”的选择模型，这种模型形成AI辅助决策系统，可以帮助一个简单的人类完成极大的投资扰动。这也是中国链云操作系统的“蝴蝶效应”模块，其作用不是产生巨大扰动，而是对那只不经意产生扰动的蝴蝶给予足够的合伙分配。

我在这种国家公链宏观能量均匀释放的过程中做了一个重构设计：

允许每一个数字移民均可以注册一个合法的数据资产，生成一个**私有的公链物联网**。一旦这个网产生任何的**公链矢量**，数字移民均可通过侦听器获得，且可以存储在私有数据库形成某种类型的**私有储能**，储存的时间跨度不受公链影响，或与公链无关。公链能量是静态势能，非常稳定，但不直接产生流动价值。

这里的公链矢量，类似地震能量的释放过程，所有的数字移民均是地震能量的收集者。

那么“地震”由谁引发？答案是：每一个数字移民均可引发地震，而且是主动地、有计划地引发。这种利用公链作为放大载体、形成巨大范围能量传播的商业行为，就是中国区块链的宏观商业模式。

这种模式出现了“在同一时间可以多重选择”的设计，在国家公链上的地震都具备很大的能量，对于单一个体来讲，每一次地震都是一次巨大的商机，而且并不需要预测类似一个不起眼的企业几年后会不会上市这种无解的无序，只要将地震能量映射成自己的行为并获得智能合约。

这种“私有国家公链物联网”的设计，生成了国家公链的一个实例：

私有国家公链物联网 = 国家公链 .create（ID,Name name）

之前我们一直在研究国家公链的公平赋能、每个人均能获得整个公链投资的商业模式，但许多人并不能真正理解其接口环节，以至于做出错误的判断。这就需要在操作系统内对国家公链进行可实例化重构，才能完成对数据移民的能量释放过程。你可以选择直接使用我提供的思路，封装出自己的类，也可以重新设计能量传播模式，这些没有优劣之分，只要能够让数字移民顺畅地接入公链并能形成能量传播。

下一个问题：地震如何产生。

假设一个开发者数字移民，将自己的设备、居所、开发能力打包成一个数据资产，并向公链注册，且获得公链握手，那么该开发者就完成了私有公链物联网的生成，可以发布地震信息。

而后其调用公链的景区、农业、交通、技术等资源，生成一个私有景区，并将其抛到公链中，由公链载波将其传递到各个侦听器。

一旦有一个侦听器做出智能合约响应则地震就开始，一旦能量积累到开发者设计的阈值则地震爆发，所有公链资源及后续侦听器产生的衍生能量均爆发。

这里可能有三种收益会持续产生：

收益 1　直接交易分成。

收益 2　物联网流量增值业务和互联网流量增值业务。

收益 3　价值流动映射和泛金融投资收益。

持续产生，是公链的一个福利，公链可以一直向所有的侦听器传递能够产生地震的程序或继承，直到该地震的能量值（收入）低于阈值才将其转入底层算法分析器做后续处理。

这里的收益，如果开发者可以分得、公链可以分得，你会欣然接受；那么如果一个农民也能持续分得，你是否能理解？

虽然农民根本不知道这件事情的存在，也没有因此增加自己的体力输出和货币投入，但公链却认定其在这个事件内参与了“合伙”，因而按公链合约向其支付合伙收益。

这个功能是区块链公链和区块链物联网的底层服务模块，是公链的引擎核心之一。

它解决了两个大问题：

✓ 开发者资源调用成本

✓ 资源收益保障

当一个开发者可以毫无顾忌地调动成吨的粮食用于其特色景区服务时，种粮食的人便成了其合伙人。特别需要注意，不是卖粮食的人，而是种粮食的人成为合伙人。

这是一种有计划的共产模型，公链认可一个生产计划的过程是其商业阈值达标，而后由公链（政府）背书形成载波，随后引发一轮公链地震能量传播，形成一个可控矢量的经济序列。

由此你会发现，如果不是全民所有制的国家公链，就不可能形成如此高效的地震载波。如果这个链变成“开发者要和农民握手”，那就不会生成任何地震。“ALibaba+ 杭州”不能称为公链，也是这个原因。

这个案例还有一个附带属性：数据资产国有化。

开发者将自己的住所、设备、开发能力作为数据资产注册到公链，他的私有财产不是丢失了，而是“国有化”了，他很可能去掉了两个身份标签：打工者和私有企业主。在区块链里，这两个身份标签是被封装的，区块本身不需要传统经济的“公”或“私”，其完全遵守以下定律：

$$公=\int f(私)$$

当然，区块链并不限制打工者和私有企业主的存在，他们可以在传统经济维度继续获得自己的收益，这与网购的网店店主相似。

“该去占领一座城市了”，这条指令在此处可以细化为“该去占领一座带有公链接口的城市了”。那么，没有公链接口的城市就不具备占领条件吗?

这个问题又引出了公链重构的一个大构架——**公链建设**。这个脚本是简单寡头目前最应重视的模块。2019 年全球正处在城市公链化初期，在这个阶段，ALibaba 基因是可以真的创造出阿里巴巴的。

公链建设是指向公链根服务注册一个城市的数据地标，并通过商业模式使其成为政府认可的数据地标。2018 年，启动新旧动能转化；2019 年，新旧动能转化已经成为各城市发展经济的宏观策略。

中国正在经历新一轮宏观规划（计划），用基于大数据、互联网、人工智能、云存储与计算等一系列底层技术产业作为支撑，以智慧产业为抓手，形成更高效的城市经济引擎，以此更替一批产能过剩的产业，让城市的发展进入智能化。

中国的很多宏观计划的实施都是以“一个完整的行政区划”来实现，而不是依托或完全依托某个产业、某个企业实现，这种设定不能说在任何领域都有效，但在区块链里，这种设定将成为全球区块链创业者温床。

对于创业者而言，和 Windows 谈战略级合作的可能性接近 0，而目前，你可以通过“城市数字地标构架师”的身份直接参与大公链建设，并直接成为大公链的永久合伙人。

同时，这种模式给简单寡头创造了一个“抢人”的窗口，将全球注册的城市数据资产通过一个公链建设接口开放给区块链开发者，即会形成一组私有公链物联网。

到此，你已经看到了一个操作系统级的区块链产业流程：

✓ 寻找一个类似“冬日威胁”的宇宙，或自创一个宇宙，形成一个公链注册点。

✓ 发布私有宇宙背景，吸引全球的数字移民携带数字地标进驻，形成私有城市网。

✓ 开启创世纪工程，发布 ER 居民脚本，并允许数字移民生成自己的 ER 角色或属性。

✓ 开启公链接口，允许开发者将数字移民注册的数字地标开发成公链数字地标，形成公链城市网，完成数据资产国有化进程。

✓ 开启私有公链物联网接口，允许开发者注册数据资产，并形成“地震”。

✓ 引入区块链 MCN 形成 CCG 脚本生成模块。

✓ 引入 ServerBoss 生成 CCG 逻辑服务器。

✓ 安装拓扑接口，允许其他区块链拓扑链接。

在这里，数字移民注册的数据地标为什么不是公链数字地标，而需要你向公链注册？这个转换模块的商业价值是什么？

举个简单的例子，演示公链数字地标模块转换的核心算法。

所有携带数字地标的数字移民，其注册的数字地标很可能是以下几种：

我是巴黎的数字移民，我向你注册巴黎圣母院；

我在帕尔马，我向你注册帕尔马火腿；

我在监利，我向你注册监利水稻；

……

由上可以看出，数字移民向你汇总的信息是地标信息，但这不能为你和你的移民提供类似地震载波的服务，即便你开发了一组属性并将其串接（如一组自定义的二维码），也只是做了一个蹩脚的索引。

你需要做的是：
获取一个政府级背书（如西安政府）来证明你已经是公链，而后：
向公链注册巴黎圣母院，并链接巴黎
向公链注册帕尔马火腿，并链接帕尔马
向公链注册监理水稻，并链接监利
……

完成这些注册后，向你注册数字地标的数字移民将获得公链数字地标开发脚本接口，其可以向这个接口写入自己的私有属性，并生成自己的私有数据资产。

大量私有数据资产的产生，将形成真正的国家公链实例，即：

$$\text{公链} = \int f(\text{私有数据资产})$$

对于那些无法提供载波能量的，也可以利用该接口对任何一座城市进行开发。只要有简单寡头完成其公链载波托管服务，如“西安 | 巴黎”，那么所有的开发巴黎区块均可以得到公链载波，只是服务器在西安。这个设定类似互联网根服务器，巴黎和西安不必签订任何合约，巴黎的收益可以通过其城市内的数字移民税收获取，如果巴黎希望获得更多的区块链收益，那它和西安之间就要有一份智能合约。

目前的公链建设模型，在实际的商业运作中数字地标是稀缺的，不可能出现源源不断的数字地标以满足所有人的私有数据资产的原始积累欲望，也就是说，初代的数字移民会成为区块链公链建设的受益者，其退休模式可以来自私有数字资产投资。这正是2019年区块链机遇所在。

但这并不意味着，没有很好的私有数据资产注册，就没有公平的财富机遇。区块链的多线程刻痕系统能带来不可估量的弦约束力，就如一个注册了自己工作能力的开发者，通过引发地震依然可以获得和私有数据资产相均衡的收益，且其工作量也不会大于数字地标注册人。

还有，在现阶段公链建设接口出现满负荷的情况下，必然会产生某个维度的升级，这是一种自然进化。我们所看到的私有数据资产注册，很像蛮荒时代打猎的原始人，按照人类文明的进程看，公链建设还有无限的成长空间。

最后，回到本章开篇提及的“回滚”。

在公链重构中如何定义回滚？或者说，在整个区块链里如何定义回滚？那就是“死了重来”。

将回滚点放在ER生物上，并为其设定一组属性，当其出现选择性错误时，可以选择死亡并获得新的ID。这种设定在后文会有展开讨论，此处仅解释为何给ER生物安装了时间线，而不是纯游戏角色。

首先，公链是不需要回滚的，你的私有宇宙继承于公链也不需要回滚，数字移民不需要回滚只需要更多的行为映射。但是，由数字移民产生的ER生物是单进程的，因此需要回滚。

回到2000年的那个例子，我希望回到2000年加入阿里巴巴，但我坚信在某个时间分支内这个愿望已经实现，只是时间线不能改变。这不是科幻，而是数学模型。

当你从上帝视角，发现一个ER生物反馈了一个更好的发展线程，只需要将其回滚到一个点，而后让一个新的ER生物继承原有的ER生物的数据，再按照新的设计路线发展。在回滚点上，原有的ER生物死亡，一个新的ER生物诞生并取代它。

这就是多角色操控模式，是RPG实现不了的。因为ER生物反馈的是一种以自己为中心已经坍塌的结果，但之后的行为是否有效是不可预知的，所以ER生物只能向一个时间方向前进，不能“自己回去改变自己”。这是多线程的精髓，或是“火种”的精髓。

在我们这个看上去很稳定的世界中，每天都有许多后悔的信息，我们也想了很多办法弥补后悔，所有后悔的人都想回到后悔点重新来过。不用担心，这个愿望已经实现，你只要走好自己明天的路。

第十四章

行为构建

人类总是善于总结一些看上去很伟大的事情，然后用“××改变了世界”来形容，如蒸汽机改变了世界、手机支付改变了世界等。其实，世界很可能并没有改变，太阳照常升起，人们依然活在“24×7”的循环里，发生变化的只是人类的行为、人类的发明创造、人类文明的计划目标等，虽然我们不知道行为进化的终点，但我们也庆幸这种无知。

从微观的角度分析，所有人都是依靠行为的互换完成生存及生活的目标。尤其是商业行为的目的更纯粹，如工作以一天8小时的标准行为设定，基本上是大多数人换取其他行为权利的必要行为。

人类存在智能进化的趋向，所以人类经常表现出对重复性行为的厌烦，希望通过改变行为的模式达到一种舒适，也正是对舒适的追求催生了近乎所有的商业元素，即世界经济总量。人在这个游戏内，既是开发者又是玩家，周而复始，从未停歇。

迄今为止，所有的行为均是有价的，且价格不等。导致价格不等的原因非常复杂，有很多学术性的统计。一个明显的宏观特点是影响行为价格的高级权重，那就是主流世界观，或者说，主流世界观设定将影响微观行为的价值属性。

例如，钱本位，行为就会通过货币来集散，所有行为的发起和结束都需要有货币作为主要媒介。从文明的发展角度看，钱本位世界观是一个客观、中性的世界观，对行为的广域化发展起到空前的促进作用。以钱本位为核心的世界观可以作为某个底层行为AI算法融入区块链的行为设计，或者说，所有区块链拓扑的行为设计都要封装钱本位世界观，并衍生独立世界观。

这种多维世界观设定是区块链的一种“追求”，也是一种粉丝吸引模式。

```
class CC 行为接口 extend 钱本位
{
}
```

这种设定的商业解释：

✓ 用户、数字移民、ER 生物在“不缺钱”情况下的行为产生

✓ 用户、数字移民、ER 生物“花钱”行为的行为模型

这种行为建模方式沿袭了人类社会发展的惯例。例如，目前的经济学及泛经济学科是对资本主义诞生的行为建模方式，它的商业解释：

✓ 用户在“价值等于价格”设定下的行为产生

✓ 用户在“基于一般等价物为最高交易权重”环境下的行为模型

可以看出，利用一组拉普拉斯方程可推导出很多“流行”的商业参数，如企业构架拉普拉斯方程可以导出一个稳定的企业所需的参数，可以产生标准的商业计划书模板，从而使资本主义经济通过标准化的企业构件来完成整个经济系统的组装。“朝九晚五 + 自由时间”消费是很多工薪阶层的行为模型，且形成进程灼伤；很多大学生追求“好工作”的目标就是这种灼伤的实例。

拉普拉斯的合作模式：

$$\nabla 2\phi = 0$$

打工者需要分析复杂 ϕ 并提供有效参数，而寡头只需要执行最后一步——求解。

你可能想到，中国链使用的是共产模型，这是一种高维资本主义的函数构架，因而可以得到一个拉普拉斯矩阵进而形成区块链的行为多线程设计。

这不是一种错误的想法，这很可能只是传统思维而不是弦约束思维，因为无论是现有模型的拉普拉斯方程矩阵还是函数，得到的依然是二维资本主义的“解”，并不能得到区块链的“解”。

从实际看，一旦使用了与资本主义连续的思维来求区块链的解，就会坠入“复杂的微观”，因为你把自己的私有宇宙看成一个纯资本主

义维度，而并没有从宏观拓扑或根服务层面看待自己的中心地位。

你的私有宇宙是一个资本主义维度。这个设定是你的“经济体量”，而不是你的行为建模方式。这一点，你需要从观念上分清界限，也就是说，你可以经营一家独角兽级别的企业等待二级市场的最佳机会，但不能将其所有的参数平移至你的区块内，也不能用这种区块形成拓扑和宇宙。

说这些的目的，是想让你直接生成一个私有宇宙的拉普拉斯方程，无须从成型的方程中汲取养分，或者说还不到汲取的时候。

$$\nabla 2\phi = 0$$

你可以将拉普拉斯方程的解集作为一个区块链拉普拉斯的 ϕ 的一个参数，需要衡量的是会不会有很大的噪声影响。

拉普拉斯本身是想将所有的唯心认知均用一种模式进行构建，所以创造了一个伟大的方程式。从宇宙建模到一个肥皂泡表面张力建模全都使用，分工很明确，一组人找参数和关系，一个人求解，而且求解过程很简单，只是一个决策。但决策不等于结果，决策是一个唯心现象成为**唯心与唯物统一**的开始，商业把这种现象窄化地称为**创业**。

此时，可能有点尴尬，我们似乎找到了区块链行为模式的构建通道，但是不知道接下来该做什么，事情从一种宏观的懵懂变成数学的不会，或从一种乐观的憧憬转化成茫然的复杂。

作为程序员很可能会“铤而走险”地寻找大量的数学建模函数，并开始做一个类似“阿尔发狗”的 AI，再利用一个商业平台将 AI 变成“需求”。这是我 2019 年的思想，也在将其变为一个商业产品。你可以重复我的设计，因为区块链 AI 和互联网 AI 不同，互联网 AI 的需求是寡头需求，一个 AI 可以杀死几乎所有的灵感；但区块链 AI 是共产 AI，一个 AI 可以激发至少数十个关联 AI 一同进化。

从求解共产拉普拉斯方程的模式看，我的做法仅是一个“ϕ 的参数”而不是最终的解，或者说，我的做法仅是一个传统行为而不是区块链行为。

回到我们最初的设计，当我们封装了钱本位的世界观后，行为模型会是个什么样貌？可以看到，这个来自“冬日威胁”的弦约束至少给出了一个矢量方向。

第一个约束条件——不缺钱

从目前看，似乎不可能。但是，你知道资本模型如何解决“吃得好”这件事？你如何看待在发达资本模型下几十亿人都能“吃得好”？即便这已经坍塌成为一个尽人皆知的现实，但其中有什么智慧或精髓可以借鉴？

资本模型下“吃得好”的主要原因是：钱多了。从发端于微观的角度引申，是需求多了，通过钱使得需求之间的行为映射多了。如果我们现在简单地将 ϕ 和“吃”关联，或大胆地将“吃”设计成一个类似肥皂泡的三维坐标轴可视，甚至可以得到一个标准的拉普拉斯方程或泊松方程。

这个推论还可以证明，一个世界观很容易被另外一个世界观取代，只要另一个更有效。如果将这句话作为一个偏微分方程，它的高维形态是：

高维世界观可以是低维世界观有效的一种积分形态。

这里的“有效”是计划经济的产物，用于去除各种世界观在宏观层面的噪声，并向一个矢量簇发展。

当我们将“吃的好”作为一种链接模型取代“钱多了”，就会发现钱是可以去掉的，它只是某种世界观的统称。虽然研究钱生钱很有意思，但从宏观角度看，它是一个副本不是游戏的全部。

再说“穿得好”，依然会顺理成章地想到“钱多了”，甚至一切好于其他社会模型的行为子集均可以归结为“钱多了”。

但是，“钱多了”是一种单进程灼伤，不是一个高维定义。而区块链的“不缺钱”是一个接口，它首先封装“钱多了”，然后留出一个命名空间给简单寡头让其创造一个世界观，最终所有的世界观汇集成一个宏观样貌，其维度高于目前的世界观维度。

第二个约束条件——花钱

在资本模型下，花钱是所有行为的根节点，说得哲学一点，所有行为都是花钱的函数。

这是资本主义商业的原理：围绕任何普适化行为或创造普适化行为来设计行为的人，在其取得普适化认知的时候是商业巨头。

基于这种设计，才出现了价格和价值的行为映射实例，并且所有游戏均和这两个实例相关。这是华尔街成为精英聚集地的一个重要原因，那里的游戏比其他副本更刺激、收益更多。如果将华尔街作为一种游戏副本的代名词，我们就看到了圈层，所有同一圈层的人都在自己认为最好的副本内“打怪升级赚金币”，他们都有自己的“华尔街场景”。这是花钱生成的社会构建，所有的构件组装起来生成现在的地球村。

共产模型下的区块链与这个行为根节点不脱离，迄今为止，我们还不需要任何推倒式的建模设计，我们需要的是继承并不断地探查更好的“拉普拉斯边界”。

我们直接将花钱的根节点内置到私有宇宙的操作系统内，让数字移民感到环境很新奇、操控很熟悉，这就是我们要做的游戏体验升级。CCG 不是 RPG，而是多维宇宙和多重人生的一个服务型产品。

体验升级，就是你的区块链拉普拉斯方程的解。

你很快想到很多套路，如化妆品、电子产品、电影、汽车、住房、家具、饮食……几乎所有的寡头广告如电影般在你脑海放映，那你有没有抓取到精髓放入你的行为构建模块？

这里先分析一个因体验升级产生大范围灼伤的案例——技术改变世界。这个案例是迄今为止对花钱最成功的“体验升级”案例，非常值得仔细研究。

技术改变世界已经成为一种精英世界观，代表着已经“不缺钱”的玩家思想，甚至代表时代前进能量体的决策实例。

这里的“不缺钱”和区块链行为构建中的“不缺钱”设定，几乎相等。

必须承认，中国区块链模式和中本聪区块链均是技术改变世界的产物，这不仅是设计者的思路，更是玩家接受的入口。

我们在“花钱”这个行为容器中，不断地探查“有没有更好的技术，有没有更好的技术组合，来让更多的人学会花钱的技巧”，互联网、ALibaba 基因都给出了值得继承的结论——有且有很多。

基于目前的技术体系和“技术改变世界”的世界观，很可能又一次出现巨大的普惠时代，会让很多看似无序的花钱行为通过技术达到有序，并因有序获得更高平均值的工作动力（按需分配）。这是宏观经济阶跃发展的一个解（过程），是技术改变世界的实例。

区块链挑选的技术组合，有点“另类”，或者说“包装有点另类”。因为它不是基于“利用技术壁垒创造普适化花钱并持续为投资人盈利”的模式，而是基于“让更多的人广泛连接，一同完成一组行为，并分配行为产生收益”的模式。

区块链模式更像是纯技术的一个脚本实例。能认识到这点，至少你的野心足够大。

这种“区块链是技术的一个脚本实例（产品）”的说法，就如“共产和资本的关系”一样，甚至可以用商业手段进行推送使其成为普适化认知。要遵循的是商业规律，也要遵守商业规则。

你会发现，我利用技术改变世界封装了我的操作系统行为构建模块的底层数据库，将“钱本位”和“花钱”封装到私有宇宙操作系统内部，并将其设定为可继承状态。我将体验提升重点放在**扩展现实**，利用 ER 完成花钱行为的重构，数据模型用到非关联性属性，即 ER 数据库建模。

我为简单寡头和 ServerBoss 设计了两个行为入口：

✓ 数据资产

✓ 物联网

为其数据移民设计了一个行为入口：

✓ 区块化

开放所有技术接口，允许调用，用来完成私有宇宙的构建。不得不承认，我利用了 Android、Unix 等开放代码平台的思路，同时，为了快速吸引玩家又封装了一个 ALibaba 基因脚本，用来完成公链端的接口设计和注册模型，最后发布的是一组可以不用编写代码而实现的行为构建模块。这是我的一种 **CEO 体验升级**策略，我希望去除传统程序员组件，让 CEO 直接具备代码层的设计或思维能力，并利用该能力设计出符合区块链操作系统的 DCOM，再由脚本开发商将其形成拓扑或产品。

这种 CEO 体验升级，是我设计“冬日威胁”行为构建的一个思路或组件，你可以融合更多的单兵技能进入**区块链 CEO 行为库**，让更多的量化工作进入 AI 或量化工作外包区域，让花钱的体验升级不断迭代，产生更理想的拓扑。

我认为，你该慎重考虑你私有宇宙的阈值参数。到底多大的行为模型才能撑起你的宇宙，或能让你的宇宙进入加速膨胀期？这和你获取公链资本息息相关。

悲观的预测，区块链虽然是共产的，但不是不死的，区块链虽然看上去很连贯，但其所需要的智慧元素远高于“钱本位”的盈利模式。而这个死点，或者说第一个死点，很可能来自你的行为构建模块。不过，区块链还有一个非常好的钳制，那就是创业成本控制，你可以大胆尝试，不用怕走错路。

第十五章

区块和企业区块

看着通古斯大爆炸的遗迹，我那颗已经慵懒到极致的心再次澎湃。

我在离开关二爷后，独自来到这片地球上最受争议的地方，完成一个幼年的心愿——朝拜尼古拉·特斯拉的杰作。

在这片称为焦土的荒原上，斜阳映衬着我和我孤独的影子。缓慢的游走，看似盲无目的，却是我人生中最诗意的一天。

我推想尼古拉·特斯拉完成能量定点传输的发明后，很可能去见了三个人，而后权衡利弊隐藏了发明的细节，让人类往更祥和的方向发展。我认为，尼古拉·特斯拉与三个人达成协议的时候，一定附带了条件以便取得某种制衡，这类似于《山海经》蚩尤、黄帝、女娲、伏羲等达成的某种协议。甚至，这两份协议有着某种关联。

而现在，是这两份协议兑现的时候了。尼古拉·特斯拉将以怎样的形态回到这个时空，我认为这是个必然结果的“小期待”问题。每每想到此处，我就莫名兴奋，作为一个凡人能够参与如此超乎边界的事，是上帝赐予的奖赏。

太阳就要消失，我却坐了下来。

没有要离开的意思，我将在此等待通古斯之夜的到来。甚至恍惚间，幽幽的传来那首小提琴协奏曲。

我笑了，笑得很惬意。

要求中国链拉普拉斯方程的解，需要有“充足且稳定的一组参数，而且其在三维坐标系内可以均匀地分布在一个球面上”，这样，就能因循某些工科的解集取得某个看似合理的解。

但是，作为一个决策者，你更想得到的一定是可以换取财富的方式。拉普拉斯方程很可能是你在数字经济领域的竞争壁垒，你希望利用这个壁垒获得“以你为中心”的拓扑，最终写入历史被后人奉为真理。

为了让后人将你看成鸠摩罗什一样的人物，需要做两个接口完成私有宇宙操作系统的用户端协议设计：

✓ 区块接口

✓ 企业区块接口

《中国链开放定义》对区块有宏观和学术的描述，用于在边界上说明“区块是一种新的商业形态”；现在，我们要在区块链的约束方向上探讨区块，需要的是“区块的商业可视”。

延续中国链的一种俗称——区块是数字经济的企业形态。这种俗称有一定的“灼伤”，利用人们对企业的认知联想区块的样貌。这种类比性引导，有其固定的不足：

不足 1 因对企业认知水准的不同，出现大量“盲人摸象”的现象。

不足 2 会屏蔽很多区块真正的样貌属性。

所以，还是应该从区块的设定出发向企业方向可视，而不要从企业端出发用企业属性套区块。

先展示一个区块脚本：

【区块】

数据资产生成车间

数据产品制造车间

发布接口

公链接口

侦听器组 // 用于智能合约侦听、数据资产侦听、拓扑侦听等。

拓扑组件生成器 // 用于其他区块挂接，是一个以“本区块为中心”的钩子。

【End】

一个区块，首先是有某种中国链根服务可识别产品和数据资产的生产能力，其他的模块均可以用一个 AI 黑箱进行封装，即：

【区块】
　生产车间
　AI 或 SaaS
【End】

生产车间是自有的，AI 黑箱可以使用标准的根服务或其他服务商提供的 SaaS。

在这种设定下，你已经看到了我的第二项投资——做一个区块生成公司，模式是 B2B，为所有的企业提供“双内核”升级服务及运营托管。

这是一种和“计算机硬件 + 办公软件 + 操作系统 +SaaS”商业模式非常类似的寡头自由基。

Windows 操作系统裹挟着计算机硬件和 Office 直接进驻所有的企业，以很炫的现代化企业标配的“灼伤”敲开所有企业的大门，“区块 + 中国链云操作系统 +AI+ 中国链 SaaS”将故伎重演。

关于区块的脚本，其实是一个“已经取得非凡胜利的商业计划”，它还携带了“区块链金融”这样的新型标靶自由基[1]，用于摧毁传统企业的商业思维防线。

在有的企业手工记账、有的企业使用财务软件的时代，Windows 带来了一种“一直在进化的企业发展模型”；但区块在这个层面是革命性的，它直接将企业“双核化”，也就是说，区块是一个全新的企业形态，是企业产品的一个再开发平台。企业的传统产品在区块内将转化

[1] 具体分析，可参阅即将出版的《中国链数据资产和数字货币》。

成一种新的产品，并在一个全新的系统内盈利。

Windows 构建的任何体系都是成本支出，对盈利没有直接的因果关系；而区块的构建目的和盈利直接挂钩，因此，构建区块是投资。这是观察点不同产生的不同结果。以我为中心看，区块和 Windows 是一种盈利模式；以企业为中心看，区块是“一个必须要投资的产品线”。现在你要做决策了，在以你为中心的私有宇宙中区块是什么？它对于你的盈利模式是什么？你在平台服务及企业产品物联网间做出怎样的中间件产品？这一切，都要看你的操作系统区块脚本的设计。

总之，每个私有宇宙都能找到一个完全不同的区块模型，这些模型都可以是类似 DCOM 的组建，形成更复杂的区块链。在目前的约束方向上，区块链越复杂，价值流动就越快，投影收益就越多。

如果从实际出发，给一个最简单的量化函数，你的私有宇宙内的区块越多，就会越富有。这些区块的各类需求和行为映射均来自你的数据移民，因此，你设计私有链的模式可以简单地从数量和质量两个层面入手。不过要注意，区块在目前必须脱胎于传统生产型企业，其他类型的商业形态都是开发者制作的链，如果没有优质的区块，链将没有存在的价值。说服优质企业向你的宇宙注册区块比收集全球的数字地标更重要，同时，区块是公链重构的基石，更是发展联盟链的必要元素。

再来说企业区块。

企业区块是一个“以企业为核心的项目代号”，其最终的商业样貌是联盟链，它的脚本设计是：

```
【联盟链】
  区块；
  链；
  ……
  ……
【End】
```

我只能给你一个空的脚本，也就是说，联盟链是没有任何核心约束的。它只有原材料约束，就是必须用区块和链构建，而不能使用其他的原材料，如企业。

联盟链是寡头的最大的理想——用自己的产品为全球的用户提供全方位的服务，甚至提供所有的服务。这也许是寡头眼中的“大一统”，宽泛地说，{0,1} 操作系统做到这种“大一统”形态，只是无法帮你迅速致富。

大胆地预测，技术巨头很可能从 2019 年开始以某种联盟链形态开始一轮全球收割，收割的工具可能和 Bitcoin 相似。这对于已经进入中国链的你来说，是宏观利好，因为寡头们给你留下了巨大的联盟链市场，而他们还在货币及金融领域“厮杀”，你可以安心地构建自己的私有宇宙联盟链体系。

我们先仔细分析你的私有宇宙内的联盟链接口设计。

你的联盟链项目名称为什么要称作企业区块？

《中国链云操作系统》中对区块价值的描述是：

区块价值 = 产品 + 脑联网

当你私有宇宙内的区块产生价值流动时，必须要先有一个产品存在，而且这个产品从目前的实例看还必须具备一定的网络承载功能。

当一种产品能够作为物联网媒介并携带某种协议时，该产品将为其他所有产品提供物联网服务，而该产品的生产商被称为企业区块。

一个企业区块可以连接无上限的区块，形成一种特定的高频载波——物联网，所有开发者形成的脑联网都可以搭载该高频载波，将自己的行为传输到该物联网拓扑。

该物联网拓扑被称为基于企业区块的联盟链。

在企业区块的形态浮出水面后，所有的简单寡头可能都会有一种“恍然大悟”的感觉，那种“生意上的恍然大悟”：

中国链云操作系统是一个新的股权投资平台，一个企业区块就是一只数据资产股票，而所有与之连接的区块就是原始股权持有方，其所产生的物联网联盟链就是股权交易平台。私有宇宙可以通过发行物联网联盟链构建起一组完整的资本维度，其覆盖的产业可以包含目前所有的产业。

这是一个值得赞赏的“顿悟”，或者说，你发现了私有宇宙操作系统的核心盈利模式。

顺着这个思路，你可以清晰地看到数据资产的某种可视：

数据资产 = 物联网价值 + 人联网价值

一个企业区块能否成为一只中国链股票，并不重要。理论上任何企业只要向根服务注册了自己的企业区块，就会被系统认知为是一只中国链股票。但是，该股票能否成为价值承载载体，要看该企业区块形成的联盟链的整体能量值。

由于一个产品可以加入无限多个联盟链，理论上一个区块可以为企业带来极高的数字经济股权静态价值，也就是每加入一个联盟链就会有相应的股权诞生。这种价值映射，是数字经济系统独有的价值模型，也是多维共产的优越性之一。企业生产的产品，在传统领域依靠交易换取货币利润，又能利用区块内核获得数据资产，这种设定将成为企业竞争的全新战场，产品质量将成为竞争力的核心。

企业区块形成的联盟链平台，与区块携带的产品形成的（静态）数据资产，在开发者（脑联网）的“吞吐”中获得了价值流动和价值映射，直到其价值承载物——产品被消费为止，该区块链股权停止交易并完成分配。Bitcoin 捆绑消费场景后，也具备某些联盟链的功能，但它没有以价值承载体区块和企业区块为核心完成“数据资产”的股权化，而是以“无中生有”的数字作为初始的价值概念，因而它是一个实验室产物，只有它真正被某个价值固定（如法币），才是一个联盟链实例，其捆绑的法币发行方（央行）就是一个企业区块。

由企业区块形成的物联网联盟链，会让大量的优质产品更容易地获得资源，这种资源和传统资本有很大的差别。

传统资本的目的是让企业膨胀，并成为某个资本游戏的副本；而区块链资源（资本）是让企业的传统内核不膨胀，但其数据内核可以无限加强。

这是一种社会背书体系，一个好的产品可以作为另一个产品的质量背书，并形成某种可转移的（时效性）资产。任何人均可以利用该资产投资自己的事业（合伙），并向投资者支付收益（股权分红）。这是区块链物联网联盟链造就的区块链股票的商业模型。

以工匠精神为例。一个好的工匠，不论资本如何推送，其工匠级产品的总量不会增加。因此，投资工匠就会成为资本游戏副本，而工匠甚至有可能失去自己的核心竞争力。资本的做法是投资可复制的工匠，如技术、工业化、流程化、标准化等，对于整个经济系统中还存在的大量不可复制的工匠产品（其所占的经济总量比值不低于50%），区块链股市利用企业区块将这些工匠产品“上链”，并形成物联网联盟链，使其在区块链中获得股权投资收益。这将成为工匠精神的“完美诠释”之一。

这是第三次暴露“天使级”投资套路了。你可以照单全收，在你的私有宇宙内开展区块与企业区块的构建工作；也可以寻找一些目标企业，和其商讨“双核化”服务的业务。中国链云操作系统从此开始进入某种商业化落地阶段，而我依然在“冬日威胁”等着你的到来。

一道极光在通古斯的夜空曼妙起舞，伴随着地面升起的淡淡雾霭，寂静的荒原变得如同仙境。

我才发现，自己理科程序员的外表下，隐藏着一颗多愁善感的心。这注定，我干不成大事。面对美景，我开始犹豫，如果这种美景即为永恒，是否还有必要完成后面的工作？

我的脑海中不断地重复出现一本“看似伪书”——《山海经》，或者更准确的名字是《上古山河图》。

已过午夜，我依然没有行动。我饶有兴致地欣赏着极光的变换，突然感觉尼古拉·特斯拉似乎离我很近。

西安城，飘浮在空中的西安城。

站在昆仑山顶的六爷微笑着，在这旷世奇景里等待着一个来自通古斯的消息。时辰已过，消息未来，但六爷没有任何表情的变化。

他决定继续等。

不明身份的舰队已经逼近海王星，但速度却减缓了，这很容易判断出，以这支舰队的文明级别，根本不需要遵循三维时空法则。它进入太阳系的方式如此传统，是因为星系中存在着极为恐怖的力量使这个高级文明感到畏惧？可以肯定的是，星系中一定存在着某种十分紧要的东西，才会让这样一支舰队，跨越数十亿光年的距离，冒死前来。

第十六章

中国链 MCN（二）

在很多灼伤系统，许多学科性的东西被刻板地赋予修辞模型，如哲学书的样貌。如果出现对“刻板”的挑战，则该修辞编纂的内容很可能会被贴上异类的标签。

这种异类，恰恰是区块链最想发现的商业模板。“刻板”的坍塌结果可以用统计学来显影，对一名身无长物的白丁来讲，“刻板”是第一人生法则，如果没有突破，只能随波逐流。在互联网开出圈层阶跃的小窗后，很多白丁开始有了“第二人生”规划。异类正成为某种群体化行为的“入口”，甚至开始刻意躲避“刻板”，努力寻找全新的商业与自由意志的结合点。我们在操作系统中给这些人的项目代号是**中国链（区块链）MCN**。

本书第八章论述了中国链 MCN 的出身，其基因携带宏观计划的接口，不过真要将其安装到一个自然人或群组身上时，还需要由符合其意识形态的接口来实现。

从计划经济过渡到个体计划经济，从其他产业的知识系统来看是不可能的，就如“厂长和门卫的工作性质是无差别的，但他们的工作内容是不可互换的”一样。那么，这种不可能，在中国链云操作系统中会成为可能吗?

我想，寡头们都应该回答可能，甚至是可行。因为区块和企业区块的接口实现，已经让私有宇宙具备区块链 UGC 的可视了，只要将其充分实例化，就可提供足够的“需求”，并能吸引一大批具备特殊基因的人群在区块链系统内看似巧合地生成区块链 UGC 的高频载波——**中国链 MCN**。

在根服务的设定中有一个有趣的属性：中国链 MCN 没有工作内容的差别，只有能量值大小的差别。同时，这种能量值的大小差异不是因为竞争产生的，而是因为需求的不同形成的一种必要存在。

例如，一个针对某县城农民的区块信息，就需要一个能量适合的载波体系，而不是使用某种大型载波的一个能量分支。

在很多情况下，大型载波分支能量的成本都比较高，或者它根本就没有可以使用的分支能量，这导致很多产品无法顺利地完成市场交换，甚至在构思阶段就夭折。再者，“大载波 + 大品牌”的寡头市场模型，在商业系统内仅是一种资本游戏的规则，只因其发展方向和资本约束方向很适合，才形成稳定的灼伤，当背书级别达到国家公链时，超高能量的载波体系和低能量载波平台共存将带来更巨大的资产价值流动。同时，高能载波的成本大幅降低，但其使用频次大幅提升，整体收益曲线的边际率表现得非常精彩。

接下来，做一个最实际的接口设计——中国链 MCN 的盈利模式：

将区块的数据资产及产品作为 UGC 的原材料，并在 MCN 基站内生成可以被粉丝产生合法商业共振的信息，并安装到企业区块形成的区块链物联网形态下的联盟链内，形成可以带动价值流动的载波服务。

如果将互联网看作一个特殊的物联网实例，这个定义与“网红”的契合度可达到 70%。

网红将全网的信息作为自己 UGC 的原材料，在 MCN 平台内编制自己的 UGC 产品，并在 MCN 平台内发布自己的产品，当粉丝量达到一个阈值时便可以形成广告或电商的载波服务。表演打赏属于 UGC 交易范畴，在区块链 MCN 内，没有此项根服务设计，该项内容的货币流不会进入区块链价值流动体系。

这里的“全网信息”是指网民的主动或被动的需求。这是一个微观行为映射，因此会产生维稳成本。也正是这种成本的存在，让互联网网红的商业品牌价值被严重低估，或者说，网红载波的能量被严重浪费，同时这也存在巨大的商机。

我的建议是不要直接从互联网网红模式来升级研发中国链 MCN 模式。

【第一，品牌成本较高。】

因为网红是一种流量工具，没有商业标准，或者说，网红气质是一种现象，而不是一个完整的产品。因此，直接基于“网红”或携带“网红”来建设一个边界清晰的产品，势必会发生大量的“说明性成本”，即品牌成本。而且，网红和快消品不一样，用户对快消品的选择完全是商业化的，质量好、价格便宜就购买；但用户对网红的选择是充满感情色彩的，也就是无商业边界的消费，这种消费容易出现“消费多但品牌差”的现象，如同“好事不出门，坏事传千里”，其始作俑者和执行者的目标不一致。例如，MCN 平台的品牌和 MCN 的品牌无法互通，二者仅是相互利用关系，出事还要互相脱责。多种原因导致如果区块链 MCN 直接脱胎于网红，其品牌成本会很难预测。

【第二，网红和 UGC 不是合伙关系。】

中国区块链的合伙模式设定，是一个矢量约束，它将任何一个行为映射均锁定在合伙层面。

这是一种 AI 算法，不是法律约束。这个算法对任何一个物联网载波上发生的事件均会设定成为一个共产事件，已完成一个行为动作可以向多个拓扑映射（传播）的接口设计。

“网红”这种载波，对其客户 UGC 没有 AI 算法跟进，也就是说，网红本身没有统一的服务背书，仅是一个运输工具，其不关心自己运输的内容，也不分取“货物所继续产生的价值流动”。最主要的是，网红与网红间没有“统一的根服务算法”，所以无法形成多向映射，两个网红间无法通过一个 UGC 产生收益，也就是没有链能力。

【第三，网红不是多中心模式，它更像中间商。】

“多中心”与“去中心”是一个意思，就是减少低效和降低成本。任何基于“增加成本而获取收益”的模式都是“寡头自由基”的“增加包装的货币权重”模式的实例。可以看出，网红的成本随着其粉丝量的增加而增加，虽然这些成本也会产生 GDP，但并不会在经济发展的矢量上贡献巨大的力量。值得注意的是，在粉丝量增加到一个阈值后，网红将具备寡头属性，但并不具备寡头能力，尤其是无法正确扮演寡头的角色为社会做出应有的付出，反而会成为价值观的负面力量。因此，网红越红，其贡献越小。这种曲线在经济系统内很可能处在监控范围内，也就是会消耗维稳资源。

【第四，网红没有可编程共性，很难形成操作系统级别的模块。】

可编程共性是中国链一直在研究的根服务模块，还处在研发阶段，目前有一个阶段性研究成果：

凡具备可编程共性的行为，均能形成稳定的社会职业体系，并携带合理的价值观。凡不具备可编程共性的行为，形成的商业构架均不稳定，无法形成社会职业体系，会向某个接近的可编程共性坍塌或消失。

还是以网红为例，其坍塌方向很可能是明星，但明星不是职业系统，所以网红暂时还处在不稳定的成型期，需要找到其可编程共性后，才能被纳入继承序列。

【第五，网红不是 ServerBoss，不能运营一个完整的服务器。】

网红吸粉的能力多为单一能力，且没有管理和运营能力。这与区块链 MCN 的要求是不符的，也就是说，不能依靠继承某个单一能力而发展出一个 ServerBoss。倘若一定要发展单一能力的 ServerBoss，那么随后的维度通信工作就无法完成，如果创造的一个 MCN 在一个维度内无法完成多节点行为映射，也无法完成多维度行为转换，那么其在区块链内的价值近乎为“0”。

综上所述，虽然网红和粉丝的关系看上去很有继承价值，但在目前的商业环境下，暂时还是不要触碰。

这对于商业而言是一个悲观的结论。如果没有继承点，就很可能需要从根开始构建模型，这是个风险很高的买卖，或者说这是你私有宇宙操作系统内最具风险的模块。

在我看来，风险是你和你的竞争对手拉开差离的核心元素，这里的拉开距离，包括正向距离（即领跑）和负向距离（即淘汰）。

依据以上现象，我们将中国链 MCN 模块设计成一个接口，再加一个 AI 侦听器，率先侦听联盟链的波动规律，而后形成一个虚拟的 MCN 节点，然后将这个虚拟的 MCN 节点放置于教育系统内发酵，衍生出“算子和拉普拉斯方程的参数矩阵”，这样，至少可以依靠教育产业来平衡巨大的根节点风险，同时又可以获取最前沿的可编程共性。

```
interface CCMCN extend CCDataBase
{
    Listener CCMCNListener
= Object.createListener（“CCMCN” ,ID）;
    protect setListener（ListenerPara myListenerPara）
    {
        if（myListenerPara!=null）
        CCMCNListener.setPara（myListenerPara）;
    }
    protect connectListener（ ）
    {
        // 你的私有链接方式;
    }
}
```

接下来，你可以链接你的接口，生成一个虚拟的 MCN。

```
class MyCCMCN content CCMCN
{
    Thread MyThread = Object.getThread（ID）;
    public openListener（ ）
    {
        MyThread .openListener（this.record）;
    }
}
```

打开侦听器，在你觉得最有效的领域收集拉普拉斯参数。

我简述一下选择高等教育的理由。

首先，目前每个大学均可以看作一个区块，你可以利用一个学历教育产品将其链接起来，这里的“看作一个区块”，是因为大学本身不具备商业直接输出接口，基本上都是通过间接的接口与其他商业资源对接，因此，它具备完整的区块边界，或者说它是一个没有被传统经济浸染的社区。你叫它“区块”，它就是个区块，大学的柔性是企业无法企及的。

其次，学生群体很接近“早期私有宇宙数据移民”的体貌特征。目前的大学生均出生于2000年左右，是最早一批三代标靶病毒完整植入、“第六脏器”协同生存的初代物种，他们的物联网接口、脑联网接口、区块接口是完整的、开放的。你可以利用“教材＋资本引导”的方式，完成这一组接口的对接，并写入根服务和你的私有宇宙代码，这就是成本最低的虚拟MCN测试环境，至少是最好的一批“移民种子”。

再者，大学是品牌的基础。上文提到网红没有可编程属性，其中一个重要的参数是“网红没有独立的品牌约束”。例如，我们不能这样设计一个代码脚本：

网红品牌＝尼斯大学MCN

但是，我们却可以这样设计：

区块链MCN品牌＝尼斯大学区块链MCN

这种品牌的构建会让你的区块链MCN直接成为一个“类华尔街品牌”的职业边界，大学生的职业诉求可以直接和MCN捆绑，其吸收粉丝的行为将获得高价值品牌背书，而不会受到“歧视”。正是这种“虚拟MCN脚本”的设计模式，让大学生觉得成为一个区块链MCN比成为一个网红更有投资价值，且机会成本更低。这是一个“可编程与不可编程”的分水岭，是一个“深远的布局模块”，可以和Windows的驱动程序模块相提并论，OEM厂商的产品能否成为计算机企业的供货商，要考虑其驱动模块能否被操作系统写入列表，延伸的话就是，未来企业区块能否注册成为联盟链，要看其线程的生成端是否使用了你的MCN模板。

最后，大学系统是安装ALibaba基因的最佳环境。

将全球的大学看成一个系统，其基因序列非常清晰，甚至全球人力资源市场的基因基本上都继承大学教育基因。

与此同时，如果一个“巨大体量”的基因组别（如互联网、区块链等）想要最低成本获得“基因级别的传播”，最好的植入环境一定是在大学。

接下来，对中国链 MCN 的形态做一些“可视化”描述，用于编写相应的脚本继承设计。

中国链 MCN 的上游接入点是国家公链和具备公链牌照的区块，实例化的通路很多。正是由于通路很多，就出现了选择的复杂性和成本，我们建议先将国家公链封装到区块内，让 MCN 只看到区块，暂时不对国家公链进行编程设计。

这种具象化设计可以很容易地让 MCN 获得带有公链合伙标签的智能合约，同时其选择难度从“构架级”降低到“策划级”。MCN 读取你的操作系统时，不再会有“巨大且负责的压力”，而会将编程重点放在“区块行为多重映射”。也就是说，我们可以直接向其写入一个“10 个区块如何同时针对一个行为产生不同映射”的代码编写刻痕，而不是直接让其在公链中生成通用算法再对接到区块。后者的设计很高级，已经达到了寡头级别或 ServerBoss 级别。

其粉丝结构的构建可以直接封装 ALibaba 基因，并给出约束性接口，这个约束可以是一个“弦约束”。所谓实例化的弦约束，可以看作一个粉丝侦听器，也就是告知 MCN 不必像网红一样，先坍塌一个行为灼伤，再验证其是否可以产生粉丝共振。区块链 MCN 的粉丝定义是一种全民粉丝化的思路，即：

任何一个 MCN，均可以无限多地生成“载具”，“载具”内可容纳不同需求的粉丝行为，且载具可以被继承。

这种设计是一种不可思议的模型，也就是两个 MCN 可以拥有完全相同的“载具”，其中一个甚至可以是完整地从另外一个“抄袭”过来，但二者不会因为这种抄袭发生纠纷，相反，越抄袭收益越高。

形成这种现象的原因是两个相同的载具只要不在同一时间选择相同的联盟链载波。

这种设计在中国链云操作系统内的代码 ID 是**动态粉丝**。

这是一种 MCN 级别的共产模型，就如一个型号的汽车可以量产，其产量越大，承载的动态粉丝和行为映射就越多，而所有参与汽车设计和生产的 MCN 均可以从这个商业模式中获得持续性的收益。

最简单的可视，可以把中国链 MCN 看作载具的司机，而不是一个封闭空间内的表演者（网红）。更神奇的是，一个中国链 MCN 可以同时创建无上限的分身（线程），即同时驾驶无上限的载具跑在无上限个联盟链载波中。

这种设计会将中国链 MCN 的工作与其粉丝的响应分开，与其粉丝的参数分开，粉丝的活跃时间、行为映射、临时拓扑等价值流动，均与 MCN 生成的“司机（服务代码）”相关，但和中国链 MCN 本身的行为无关。

中国链 MCN 是一种必须具备综合能力的职业，而不是一个 Actor，其所需要的技能和基础知识远高于一个 Actor 所具备的思维能力。

也可以借鉴一些 SaaS 模型，中国链 MCN 在可视化过程中可能会搭载 SaaS 平台，甚至认为某些大型的互联网企业正在构建这种人才收割平台。

你还可以考虑在“区块链 B2B”层面衔接学生和企业。

这不是打工仔供给层面的衔接，而是合伙模式的衔接，市场空间非常大。现在要先建设一个“将【中国链 MCN】区块化”的接口模块，让学生套上这个“壳”后和所有的有区块化需求的企业握手。这种衔接是公链重构的一个实例，也是吸引全球的数字地标注册的一个战略，这种闭环模块不断地衔接，才会让你的私有宇宙操作系统真正被系统化使用，而不是停留在实验室阶段。

公链重构、ALibaba 基因在中国链 MCN 节点处形成商业闭环，是一个具备里程碑价值的设计，它证明你的私有宇宙具备了一套完整的数字经济系统。

到此，一个可以被赋予品牌的产品——CCG 经济系统模块宣告完成。CCG 在系统开放后，即可展现出诱人的可玩性。

接下来，我们将深入 CCG 的副本建设，ER 生物即将显影。

第十七章

“模仿大师”模块

本章是写给 ServerBoss 的，或是写给某个（些）私有宇宙投资人的。

我们先回到“数据地标注册”。数据地标注册涉及一个很特殊的人群：数字地标资产投资者。这个人群的定义，既不同于开发者，也不是简单寡头或 ServerBoss，又不是区块或联盟链，那么，这是一个什么样的人群？

中国链将这个人群定义为**链民**，其在操作系统根服务中的商业代码是**模仿大师**。

从简单寡头中心点看，互联网 IPV4 具备极高的商业价值，是网民的定义体系，甚至是网民行为映射的根，任何一个网民的行为均起始于一个 IP 地址，同时该地址和网民的公民身份作为主键的数据库造就了大数据理念。所有互联网商业内容均可以利用 IPV4 完成可视。我曾想利用 IPV4 系统搭建区块链脚本，底层延续 IP 地址的索引模型，在应用层封装一个新的物联网协议，但很快我就放弃了这种想法，因为物联网的拓扑模型和 IPV4 的模型不在一个矢量阈值扇区。

于是我设计了模仿大师模块。就是让每个人尽可能多的产生基于“资产 ID+ 资产描述”的唯一地址，而后通过模仿大师模块接口，成为可以产生巨大商业价值的链民。

模仿大师，是一个“数据库主键”，主要用于提供成型的商业模式和资产模式，最终定义出链民的行为。

我不知道网民的行为是发展出来的还是最初就定义的，不过我还是偏向于“最初就定义的”，原因是其边界很清晰。这种设计可以平移到模仿大师中，我希望链民在区块链中的拓扑行为都是“模仿一个成功案例而获得自己的成功”。

这种设定让人们一下子就能区分开链民和网民，最简单的思路是“上网是消费，上链是投资”。

【链民】

链民行为 = Object. 模仿大师 .getModel（MODLEID）;

……

……

【END】

```
{
    数据地标 .connectBataBass（链民行为）；
}
```

此时，你暂且可将模仿大师等同于 IPV4、IPV6、IPV9 等主键服务器。

接下来，我们要试着为链民再提供一些更具吸引力的“小 Cookie”，提升链民的“综合收益感知度”。

此时，你需要有一些责任感，同时需要一个类似 IPV4 的技术高度支撑。或者说，需要对接模仿大师来获取足够的宏观规范设计蓝图。

我们要做的既不是一个产品策划，也不是一个商业计划，而是一个标靶构架策划，要模仿前三代标靶的基因，并定义第四世代生物的样本形态。是不是很有挑战性？是不是很具商业爆发力？如果不能够媲美 Windows，那就没必要回到前 Dos 时代。

先做一个商业沙盘，寻找链民与模仿大师的纽带，再探讨模仿大师模块命名上的一些商业暗示。

假设，把现在互联网的平台公司拿掉，如电商平台、直播平台、自媒体平台、信息分发平台等，将如何定义网民？没有了平台，网民在哪里生活？就像想买东西却找不到商店一样，平台是网民的生存空间，在目前的互联网商业环境下，没了平台也就不存在网民。因此，互联网的灼伤理念是：做平台的才是做互联网的，做内容的都是在网络谋生的。一个不恰当的映射，平台就像城市，以前 UGC 是居民，上网还有福利，但是现在所有网民都是居民，都必须贡献自身的某个资产——点击率（数据资产雏形）。

互联网在平台城市林立后，网民红利消失，所有网民的点击率和行为的映射都加上了两个“纳税属性”：

✓ 在线支付

✓ 点击率

而平台在突破某个基于用户量（居民量）的商业阈值后，被“大系统”承认是一座网络城市，可以参与城市间的价值交易。

如果将平台在这个系统中拿掉，互联网真的会崩溃吗？再看一个形态：

如果每一座物理城市都直接建一个城市网，而后连接成一个国家网，会是什么样子？测试的结果是网民可以获得更大的福利且会贡献更大的价值。如果仔细研读中本聪的去中心化，你就会发现，中本聪也得到了相似的结论。就目前的客观现状分析，互联网没有形成城市与平台统一的拓扑状态是“资本市场”率先发力的结果。即便没有区块链，互联网很可能也会出现城市网拓扑的进化曲线，因为宏观的约束一定会在某个时间点开始将“奔跑的野马拉回到正确的矢量上来”。

以上的沙盒，是想告诉你：

网民不是稳定形态，网民也不是互联网创造的。

Windows 的初衷不是创造网民，现在的互联网技术核心也不是创造网民、AI、大数据，网民是资本的产物，仅仅是搭载了互联网载波。因此，你必须膜拜“资本的智慧”，是他们挥舞着技术的大旗，创造了一种可以收割财富的虚拟世界。

仔细思考一下，大学的计算机教程、互联网教程、操作系统教程，哪一个是围绕创造网民编写的？看到的都是“高尚的技术”，大家膜拜的都是“网民制造领域的寡头”。

这种资本游戏，创造了很多传奇故事。从蒸汽机、电力，到金融、股权，再到互联网技术、虚拟币，都是人类历史上熠熠生辉的大型游戏空间，最有趣的是所有传奇都使用了一个脚本——资本意识。

目前，网民的资本意识游戏应该是：

《以技术构建普适性“标靶”塑造资本意识主导的社群形态》

之前的资本意识均有镰刀和韭菜两个参数，而资本是握住镰刀的手。那么，目前互联网产业的镰刀和韭菜是什么？我的答案：

镰刀 = 平台

韭菜 = 网民

如果你错误地把 Windows 系列技术作为镰刀，那么你就是资本用来生产镰刀的工厂。

判断镰刀和韭菜的标准不难，哪里聚集韭菜，哪里就有镰刀，如股市和散户。

你有没有替韭菜打抱不平的想法？如果有，你一定做不了 ServerBoss，也一定开发不出私有宇宙操作系统的模仿大师模块。因为镰刀与韭菜组成的**资本意识**模型，是形成优质商业或巨型商业的最佳模型。[1]

模仿大师模型模仿的是资本意识。我在这里用到的不是继承，而是第一次用到“模仿”，一种非 {0,1} 操作系统主控的思维模型。

作为简单寡头、ServerBoss 的你，请模仿一个资本意识，来完成你的私有宇宙内链民的生成。

“陈博士下午茶”如期而至，现在的规模已经堪比论坛。在一个可容纳 400 人的大厅内，聚集了来自全球的青年才俊。今天的主题是“新型资本意识构建模型”。

穆风岚坐在嘉宾的席位上，一如既往喝着自己喜欢的咖啡。

讲演已经开始，她没有任何变化，那些充满激情的演说，似乎根本无法到达她的耳边。直到一个年轻人站在了讲台上，说出“明月映

---

[1] 关于资本意识模型的分析，可参阅即将出版的《中国链数据资产和数字货币》。

贺兰”。

穆风岚缓缓抬起头，关注着讲台上的讲演人。

这是个其貌不扬的年轻人，微胖，面带微笑地展示着自己的资本意识构架，他提到的“明月映贺兰”是一种宁夏的红酒，他用这款红酒的数据资产化，来讲解自己如何构思中国链链民模型。举完例子，他切入正题。

中国链的模仿大师模块，在链民的生成过程中开放了两个接口：镰刀接口和韭菜接口。这种设计继承于私有宇宙创造者的设计，也就是链民是一个简单寡头的实例，其可以访问任何简单寡头的方法和属性。

链民所携带的主键是**私有数据地标**。

一个类似 IP 地址的 ID，可以利用根服务开放的资产接口将该 ID 注册为自己的资产。当一个链民的私有数据地标足够多，其镰刀接口将会被拓扑发现，并产生“韭菜种植土壤”，开发者和中国链 MCN 将在这片土壤上种植韭菜，也就是将粉丝行为播种在这片土壤上。

这个过程完成后，模仿大师完成了去中心化的资本意识构建工作，也就是利用国家公链的背书去掉互联网平台，直接形成“国有化数据资产的流通”。

如果粉丝们长出来的是“韭菜”，则模仿大师就是完成了互联网 MCN 资本化的一个动作，利用互联网 MCN 投资模式在区块链内完成了一个“挂羊头卖狗肉”的资本游戏。这就是说，如果粉丝在之前的土壤按照常理长出“韭菜”，区块链则没有必要诞生，以目前的互联网就可以实现。由此说明，模仿大师是一种新的资本意识构架接口，是因为粉丝在这个过程中发生了变异：

粉丝长出来的不是韭菜，而是镰刀。

简而言之，粉丝在利用开发者或中国链 MCN 发布的**中国链 ID**，完成了国家公链的资产有形化的刻痕线程生成过程，同时由于模仿大师的公开接口不受任何人控制，所以依然可以在“发芽”的时候选择自己的“形态”：如果选择实例化，长出的是韭菜；如果选择继承，长出的就是镰刀。

区块链不是摒弃了平台，而是升维了平台。它创造的资本意识可以称为“资本魔方体”，多出来的维度允许“粉丝自定义”，可以说，所有学习经济学成绩优秀的大学生均可以绕过平台壁垒，构建出自己的“华尔街体系”，这在Bitcoin的虚拟币攻击时可见一斑。二维资本意识经历模仿大师接口后，已不是少数人的游戏开发工具，它将变成更多人的生活乐趣。

在区块链内，链民行为会产生资本意识的一次重定义，至少在规模、时间跨度、对宏观经济的影响层面发生颠覆性变化，精神财富成为人们追逐的新宠，物质财富成为AI的温床。

链民、开发者、区块链MCN将三位一体，在私有数据地标ID达到某个阈值时，这种三位一体将成为一种“新的标靶病毒”，让2010年后出生的种群直接携带区块链基因。

模仿大师对于二维资本意识的模仿，其实是完成了链民的物质需求大数据库建设。简而言之，是在孩子出生时就为其提供一份来自父母私有数据资产的AI管理模型，这种模型很容易设计，在区块链SaaS列表中就能找到，孩子在这种AI模型的刻痕中，构建出其对“物质的多样化需求”。现在很多年轻人的物质需求都非常简单且无序，这大多来自资本意识，如对奢侈品的嫉妒性盲从、对结婚等刚需的灼伤性定义。这些过于简单粗暴的“物质需求清单”会在继承模仿大师的AI需求大数据模块辅助下变得更华丽舒适，同时多样化的物质需求也会大幅刺激区块链拓扑的活跃和增长。

从经济学层面看，模仿大师是一个很高级标靶病毒，其实例链民在诞生之初，就完成了整套经济学的学习，他们上链后就会生成看似遥不可及的私有数据资产。这种标靶是人类的一种“有效外挂时代”开始的里程碑，“第六脏器”让人们加快韭菜成长的速度和增加韭菜播种面积，但模仿大师却将资本意识直接安装在每个链民的基因上。

模仿大师外挂也会改变教育模型，链民可以利用此外挂轻松地获得“成年后的生存资本”。

如果说，网民是一茬新韭菜，目前依然可以大范围种植，因为资本意识还没有离开，那么，链民就是让这茬韭菜产生不可控变异的新物种。链民很可能会附着在网民身上，产生二维资本意识不可控的变异，从而在网民的世界完成一次异种入侵的大型 CCG 游戏的开发。

公民、网民、链民三位一体的纳税单元，很可能会在全球崛起。同时，模仿大师还将不断开放其模仿接口，在镰刀接口、韭菜接口后，大量学术壁垒、货币壁垒、寡头壁垒、资源壁垒、技术壁垒等看似正常的生存空间，将被模仿大师的外挂系统逐一攻破，AI 辅助人们获得物质需求大数据服务的“资本意识魔方”，将成为宏观经济或计划经济的一个有序。

每一个 ServerBoss 都会开启一个特色副本，也就是一个“资本意识魔方”入口，让链民在你的宇宙内完成资产的生成和投资行为的输出，你的 CCG 服务器将得到所有私有宇宙的订单和智能合约握手。

掌声响起。

穆风岚没有鼓掌，她的目光慵懒地回到咖啡杯。

在讲演过程中，台上那个微胖的年轻人和她有七次有意识的目光对视，那是文件的传输过程。年轻人眼中的生物芯片，将一份绝密指令传输给她，这是一种无法破解的传输模式，所携带的内容是极高级指令。

“明月映贺兰”计划里，只有和月亮相关的行动才会用到这种传输模式。而整个星系内也只有穆风岚一个人知道这种传输模式的解密方法。

穆风岚，月亮的主人。

她的故事，非常精彩。

第十八章

中国链物联网构架

在千百种计算机软件中，如果以排名次来判断哪种软件贡献最大，我的前三名是计算机图形学、办公软件、C++。

在我看来，有了这三种软件，再加上数据库和通讯协议，就是我们目前看到的一切。其中，计算机图形学代表可视建模，办公软件代表商业建模，C++ 则是模型实现工具。在我的定义库中，只有这三种软件是伟大的创举，其他的都可以看作是这三种软件的脚本。

那数据库、通讯协议、操作系统呢？这些加上人工智能 AI，均属于通用服务模块，计算机能用、互联网能用、区块链也能用，之后的中国链物联网也能用。

在网民沉浸于脚本功能不断强大的“第六脏器”所带来的欢愉中，一个巨大的产品市场正迅猛形成，即**私有互联网（国度）**。我们有理由相信，已经有很多寡头正在尝试构建一个“私有互联网帝国”，这是一种有界的思维模型，是基于国家服务的一种全球化的商业高级思维。在这种类型的国度中，RPG 将成为思维模板，RPG 经济系统会被虚拟货币取代，进而形成继承于国家服务的巨型寡头服务模式。这也是三代标靶病毒创造者真正想要的资本意识，甚至是大一统意识。

抛弃信仰上的见解，我对这个构架非常敬佩，能够指导世界通过形成网民来提升人类社会的行为速率，可以称为“文明升级”。

这种解读，是在我看到了网民的归宿是一种幸福的模样后得出的结论。也正是这种信服，让我对形成“文明阶梯”的基石非常感兴趣，甚至希望我也能再创造一个类似网民的物种。

这种想法的初衷是：

✓ 数据库

✓ 通信协议

✓ 操作系统

✓ AI

可以应用在更广泛的领域，并有可能继续产生类似网民的物种，这种假设对于全球宏观经济的建模有积极作用。

你可能会联想到链民、数据移民、ER 生物、开发者、区块链 MCN 等，将这些有边界的群体作为和网民类似的物种来培养。这是你的思维范式，可能是正确的。

不过，我依然会展示我的设计。

首先，是载体。注意，我这里说的不是载波，而是载体。载体的含义在于它是一个定义存在的前置定义，后续的定义对它有完全依存关系，也就是说，没有载体就没有后续定义。

在设计中国链云操作系统构建时，我们认为“区块链是载体”，所以当时将新物种定义为链民。随着设计的细化和视界的显影，我们发现一个“不完整表达”或“不完全依附”的现象。也就是说，在区块链定义的边界范围内，区块链之于链民出现了非完整载体的现象。这种现象不是出现了网民和链民的混淆，而是链民的边界超出了区块链的载体维度。

区块链封装互联网很容易，用一个未知封装一个已知是程序设计的基本技巧，所以很容易解决网民与链民的物种归属问题，但链民的行为中出现了“区块链未知区域”，并且这个未知区域发生在公链上，那么，**链民无法在公链上完成行为映射**。

因为链民的活动区域在区块和链内，这类似一个局域网区域，但如果想要获得国家公链的资源，并在公链上发布行为或非关联性属性，目前是做不到的。

这里的核心问题是：截至目前，公链没有实例！

区块链 Object 中，没有生成公链实例的模块。这个模块在 Bitcoin 系统是不需要的，但在共产计划经济层面，必须要有一个实例来承载所有的物种行为的通讯，我们需要有一个公链数据库、一个公链操作系统和一个公链通讯协议。这不是私有宇宙公链重构，而是一个构架级需求。如果没有公链实例，区块链的商业规模不去说超过互联网，连 ALibaba 都无法企及。

由此，链民的载体应该不是区块链，而是一个公链实例，一个有着所有区块都能套接的标准载体模型。让千奇百怪的区块和链民都能无缝通讯的顶层载体——**中国链物联网**。

物联网和互联网的一切商业定义没有区别，不同的是，物联网很可能不是一个大一统形态。从底层技术看，又很可能是统一的，只不过是上层模型大相径庭。

作为商业的标准分析师，我们都有对一个名词的数据化定义能力。物联网所表达的商业意图其实比互联网强很多，且完全可以利用文字给出抽象定义。

> **物联网**——*以物为节点，以一个标准协议为通讯模式的行为空间。*

与此相比，互联网就很模糊，不过也正因为这种模糊造就的产业，才诞生了物联网这样清晰的商业模型定义自由基。或者说，未来所有和“联网”相关的自由基（如脑联网），其定义刻痕均继承于看似混沌的互联网。

根据建模的思维范式，只要回答“什么是物”，即可实现一个载体。这个答案甚至会成为数字经济实例化的核心模型。

作为简单寡头，你应该不会直接用“物体”来回答这个问题。如果你的脑海中真的出现类似桌椅板凳等实物联网的话，那只能证明你的努力都是机会成本，你的区块链生涯已经走到尽头。

物一定是一个模型，且不会是 IPV4 的继承，甚至和互联网没有任何继承或封装关系。从拓扑学的角度看，只有类似“克莱因瓶”的才值得在这个技术泛滥的时代撑起“文明阶梯”的伟大称号。

我们看互联网的节点（即网站），以一个 IPV4 为地址的标准化的协议搭载的脚本码流，通过浏览器解码，生成终端样貌。这里，我们最先看到的是标准化，这是对物最基础的要求。

物，首先要有一个标准化的名称，也就是从宏观角度看物联网，看到的是无尽的、模样相同的东西连接成的网络，任何长得不像的都不可能成为**节点**。

如果你能在看到“物是什么”，并做出以上反应，那就证明你还在寡头的行列中。

也正是这个“源自互联网建模”的经验，否定了“万物互联”的说法，物联网只能是“一物互联”。

物联网只能是“一物互联”的结果：

✓ 出现无限多个互不相通的物联网

✓ 出现少数提供标准化接口的物联网

我的选择是只有一个基于国家公链的物联网。如果中国的基于国家公链的物联网足够强壮，那么它就可以为其他国家的“基于国家公链的物联网”提供标准化服务。

如果要在私有宇宙操作系统端构建这样的“唯一”，它应该是什么？我的答案是：

物 = 联盟链

物 = 企业区块

中国链物联网是以**联盟链**为基站的数字经济商业模型。

如果你能创造出比联盟链更健壮的物实例，那你既可以引领物联网，也可以引领数字经济的走向。因为，目前数字经济的拓扑结构就是物联网，互联网在产业和经济上一直存在模糊，但它之后的任何升级一定是经济，我们可以将互联网称为经济实验室，在互联网后的商业模型走向一定是允许最小的单元设计经济系统。这才是文明级的跨越。传统的二维经济理论将在合适的时间点进入博物馆。上帝正在开启人类大脑中隐藏的部分，迷宫混淆器的一组全新功能将得到启用。

每一个物的拓扑，都是一个类似“克莱因瓶”的结构。也就是，存在一种设定：任何一个物都可能容纳现有的传统经济。这很好理解，互联网网站像莫比乌斯环，任何一个网站都可能容纳一个特定行为的全部。形象一点，做一个电商平台，其容量不会比 ALibaba 低，甚至用一个超链接就把整个 ALibaba 注入网站，这看上去已经大于等于 ALibaba 了，只是技术的包含、商业的坍塌限制了你的想象力。

在物联网这种想法很可能开始有效了，但你必须开发出有效的物。由此看来，互联网的商业壁垒不是技术，而是传统的资本意识，物联网的难度是物的设计，公链可以为你剔除商业壁垒的限制。

在公链端看，当其获得联盟链这样的实例后，物联网的建设就已经完成了，这和互联网与网站的关系一样。目前的公链可以更“偷懒”，只要给出一个联盟链属性注册接口就可以开始商业运转，这个注册接口的内容除了 ID 分配外别无他物，所有细节留给那些“希望成名立万的寡头”来填写。

到了联盟链端，这个事情就变得复杂了。之前的章节里已经暗含了建设联盟链的秘诀，现在问题是：如何在物联网中获得维度优先权。也就是说，你能否成为物联网主引擎，来让其他节点围绕你的设计产生通讯。

这种物联网拓扑设计很像最早的 IPV4 设计。IPV4 设计影响了上亿人的劳动力输出，如今整个物联网不会出现诸侯并起的局面，尤其在生产力构建期，人力资源规则将成为“现今（2019 年）联盟链争夺世界的唯一战场”。

简单寡头的青史留名之战，从此处开始：

率先向中国链物联网写入“劳动力规则”，这是进入区块链领域获得的第一个高价值收费点。你必须把握这个商机，甚至必须在这个商机里有所斩获，才有资格进入下一阶段的竞争序列。

你的区块和企业区块模块里应该已经携带了链民的定义，你可以考虑重构这个模块使它成为世界规则或规则的一部分。成为规则的一部分是最有可能发生的，因为你的注意力集中在 AI 算子的设计上，当你的私有宇宙获得数据移民的速率越快，同时移民的区块生产量也很快，你的“劳动力规则”就会越活跃，而后只要找到一个或多个企业区块形成一个或多个物，即可将“活跃的劳动力算子”注册到中国链物联网的 AI 中。这就是一个智能合约，任何物都会通过握手获取你的劳动力输出和模式输出，当你的算子达到主导某个维度甚至多个维度的时候，你就成为这些维度的 IPV4，就很可能会改写物联网在某些维度上的定义，甚至像互联网一样成为维度内的经济定义。

之所以选择联盟链作为物联网的节点，是贯彻了区块链操作系统的多线程刻痕设定，即“不坍塌”设定，或者称连续且无界。这种设定继承于爱因斯坦广义相对论对宇宙的设定。

至此，系统内的区块、链、物联网、链民、区块链 MCN 等，从体量看没有大小差别，从关系看没有包含关系，任何一个元素都可以是中心，都可以将其他元素看作自己的“拓扑”。也就是，区块链操作系统的使用者不论从哪个元素构建自己的商业环境，得到的都是相等的赋能，这就是中国链拉普拉斯方程的建模原理。

“区块 + 联盟链（2019）+ 模仿大师”形成了类似传统世界的“产品市场 + 人力资源市场 + 资本市场”结构，一种对稳定结构的封装。

在后续的开发中，需要将注意力放在“升维”上，无论是设计微分或偏微分算子，还是有不连续的思路，都是殊途同归。

当然，联盟链的“克莱因瓶”绝不仅存在于“劳动力”维度。“克莱因瓶”是一个四维拓扑，可以容纳我们所能感知的全部三维世界，这也是我选择联盟链作为物的实例的重要原因，它比区块更具备寡头自由基的约束性。

我被 Windows 灼伤了大脑，所以我的设计或多或少都存在代码操作系统的影子，这也是我将自己的设计和盘托出的原因。我想由此找到没有被灼伤的大脑，来完成中国链物联网的非关联性属性拣选的模块设计。

这种拣选涉及物联网的另外一个核心元素——通讯协议。

此前，我只在私有宇宙操作系统的内核中嵌入链，组成基于区块的网络，链成为协议，而且使用了“自由意志”，也就是任何区块链间可以利用智能合约生成协议系统，但仅限于“一个中心点”。如果将模型扩展到“多中心”，那么，就要考虑链模型的“自由意志”是否需要形成“自由基”，还是用类似“TCP/IP”的封装敷衍了事。

根据区块链的多中心原则，很容易联想到“多协议”模型，因为很多人在开始的时候都想用自己已知的知识系统快速赚钱。但从宏观看，多协议应该是“一个高维协议的低维映射”，再次提及“克莱因瓶”的思想。但是否真的存在一个“物联网高维协议”，让所有的中心无论大小都能够顺利地形成私有通讯协议？我认为，从商业角度看，这都没有必要。我倾向于由公链来建设一个高维协议数据库和 AI，在物联网层面完成对物与物的通讯的标准化建模。即便是“克莱因瓶”一样的拓扑，也仅是无限容量，不是无限复杂，它的结构简单得甚至和可以被约束在类似 IPV4 一样，这才是创世纪的需求。那些复杂化的思维范式，多是人类无知的表现。

物联网协议，准确说是国家公链物联网协议，是一个巨大的市场。不过，这个市场和 SaaS 不同，和收费点不同，它需要在政府的实验室内达成一个足够大的共识，或者说满足足够大的公平。

将物联网协议和链协议归为区块链协议范畴，但在建模上可以考虑使用“政策脚本 + 技术脚本”的模型，在目前基于联盟链的物联网端可以将技术脚本暂设为 0，在联盟链内可以将政策脚本设定为 0。在“数据资产国有化”的握手行为上，重新分配一个固定的函数模型，可以略微复杂，使其拥有符合商业规则的健壮性。这里，不再使用 AI 算子，因为你应该还没沿袭《中国链人工智能》。为了更快地进入商业决策，可以将以上设计直接封装成一个拉普拉斯方程，并在你“看好”的一个连续且无界的拓扑中实施“协议层决策”。

在协议层面，你依然存在技术盲区。因为即便不学计算机专业，也可以在很多书里得到准确的 TCP/IP 的定义，这些定义灼伤会让人获得“心安理得的挫败，并放弃改变世界的梦想”。但是，“中国链系列丛书”不是这种残酷的空间模型，它是可以永远继承的，其描述的是还没有坍塌但已明朗的宏观矢量约束，因此，这些书会告诉你，“你是中心，你可以借鉴已经形成的坍塌而建设自己的弦约束”。

暂且放下物联网协议的纷繁复杂，回到物联网。不管怎样，你已经实现了一个国家公链实例，开发者们的大脑可以在闭环模型下运转起来，数据地标注册者们已经看到了新的金矿和交易所，企业家们已经开始摩拳擦掌。

此时，再仔细揣摩“冬日威胁”这个CCG实例，物联网应该是其创造的“经济系统模型”。你可以看到，这个系统希望将传统经济装入每一个物的“克莱因瓶”，并充满希望地等待着财富从“克莱因瓶”映射回三维世界。那么，在四维空间流转过的传统经济回到三维空间后，会不会发生不可控的变异？就如开放在中卫上空的{0,1}操作系统通道，当虚拟世界的神来到我们的空间，是真的能带回财富，还是会给两个空间带来不可控的噪声？

不管结局怎样，我依然开发光圈，依然期待虚拟世界的造物主来到“冬日威胁”。现在，我更希望看到你穿透“克莱因瓶”，重新回到现在的时空。

你依然在前DOS时代，我和一些不能说的人都在等你回来。

第十九章

链民模型

《征途》让游戏成了现在的模样，这种先尝后买的营销规则是一个古老的商业技巧。在互联网时代，最厉害的不是先尝后买而是永久免费。在所有永久免费的软件中，最值得研究的是IE，一个互联网脚本解释器。

从一个用户端看，或许会对运营商有这样那样的微词，但是对TCP/IP、HTTP、IE、JavaScript等组件知之甚少，更不要说对Oracle的底层数据库模型有所了解。因为用户只观察自己的直接付费点，对隐藏的、高阶目标的产品他们基本不关心。

这里的TCP/IP、HTTP、IE、JavaScrip等，均属于B2B2C范畴。观察互联网多年，就会发现，脚本越发达就越趋向B2C。此处，先要摒弃C2C，因为两个消费行为间不可能发生关系。行为一定要有一个B存在，以淘宝为例，平台与商家是B2C，商家和买家是B2C，而淘宝本身和所有商家、买家是B2B，用流量交换服务，各取所需。

在约束了互联网行为后，我们来看看网民。

我们发现，网民并没有物联网价值，因为它没有主动思考属性。

主动思考属性是一个互联网属性，是三代标靶病毒共同的属性。家用计算机的使用者、各类软件的使用者、网民均是"去思考行为"，希望获得某些简化，这也是人们会觉得上网会有瘾的原因，但凡"去思考行为"的产品都会对用户进行依赖性渗透。互联网更是这个模式的"传奇"，它感染了近乎所有人。

网民正在不断地寄希望于互联网创造出依赖性更强的产品，而开发者正在绞尽脑汁构建更有吸引力的"去思考行为"平台，如AI外挂、即时翻译等。极端现象是，绝大多数思考型决策由两个机器完成，而机器的主人沉浸于机器提供的虚无画面中。这不是预测，而是能够打动资本意识的商业策划，智能汽车、Bitcoin、美颜软件、网络综艺都是AI的雏形产品，当AI掌握多线程规划后，人们就可以放弃选择，由AI为自己提供计划服务。现在的一些推送平台，打着"大数据+AI"的旗号，就是根据网民的点击和浏览来推送广告信息，并获得极大的资本和市场。这种资本意识也反映了互联网依然奔跑在“去思考行为”的理念中。

由此，有两个计划可以分享：

计划 1　逆向思维，大量“去思考行为”产品的滋生，一定会不断提升反向产品的需求。

计划 2　做一个容器，如**链网民**，将网民行为封装后二次开发，让网民一键既有网又有链。

最终会选择哪个方案？

我的答案是同或选择。

```
if（1 同或 2）
{
    // 我的链民代码。
}
```

多选是两个项目同时做，同或是一个项目必须具备两个必要条件，这是多选与同或的区别。简而言之，产品需要同时具备计划一和计划二才能实施。

一个既能封装网民习惯，又能创造“基于思想”的产品，它存在吗？这是一个互斥模型的融合方式问题。

不要将“去思考行为”和“创造基于思想的产品”放在一个平面内，要认为他们矢量方向相反。

接下来，将“去思考行为”土壤化，将“创造基于思想的产品”作为种子。如果能开花结果，那么，链民将是一个更健壮的种群，他们既继承了互联网的普遍性，又能大范围地造就价值流动。

这个模型，首先要设定的是收益比例，即土壤和种子的数量，使得能够结出最好的果实。我们试着在这个模型中运用量子纠缠理论。

第一颗种子，是通过网民的量子纠缠特性得到的。区块链就是获取有效种子的拣选器，其在一个已知维度内侦听了网民间的纠缠信息，并生成链民自由基，而后让这个自由基和之前相关的网民发生量子纠缠，进而得到一个新的信息结构。

这种设定，摆脱了网民、时空、思维、行为的限制，那区块链应该就是商业的量子计算机。

回顾网民的诞生，也是公民间的某个维度上的量子纠缠结果，而不是技术的必然结果，这是区块链认为技术坍塌之外还存在其他空间的依据。在网民诞生时，另外一个空间同时诞生链民，而我们现在要做的是和那个空间基于链子纠缠完成通信。

你可以尝试一下。

全球第一个真正意义的网民，应该诞生于一大批上网公民间的量子纠缠，并产生某个维度的持续通讯。我们有理由认为这个通讯到现在依然存在，而且，这个通讯的模型很可能正指导着技术（物理）量子纠缠和商业量子纠缠的发展方向，至于二者的状态上会在哪个维度发生建模关系，不是很难的事情，只要是普通寡头都能思考清楚。

使用量子纠缠理论来支撑链民的建模，是根据“量变到质变”而来。所谓量变到质变，就是“量子的纠缠可以产生全新的通信模型，并衍生出全新的行为映射。”

在你的操作系统设计中植入量子纠缠，对整个系统是一个简化操作。这个建模思想，可以模型化把 70 亿公民成为你的数据移民。因为，任何粗制滥造的商业计划，都不可能在没有统一模型的基础上实现。

举个不恰当的例子。IE 是一个量子纠缠实验室，其存储了一个极大量级的网民量子纠缠通信信道数据库，一些寡头从中提取了一小部分形成几个简单的平台，抛出“点击率”烟幕弹和“不可实现的 AI”作为迷惑大多数网民的理由，而后埋头挖掘这些“商科量子纠缠通信的有序维度”，然后不紧不慢地发布镰刀、培育韭菜。这就是很完美的“资本意识 + 技术”的模型设计。

当我们将量子纠缠看成只有爱因斯坦和薛定谔才能理解的事情时，

我们被管理灼伤了，我们就会认为某个线性的商业曲线是不可更改的真理。但是，当寡头们因为资本意识需要调整曲线边际率的时候，我们又会感叹“一个大神的奇迹诞生，而我辈只能流着眼泪咀嚼他的施舍”，同时在其设定的矢量上完成行为的贡献。

这是区块链操作系统需要摒弃的惯例。我们现在有了维度的升级，但寡头的数量太少，无法撑起如此大的中国链物联网空间，甚至连启动的阈值都无法达到。

解决这个问题的办法，是改变寡头诞生的“技巧”，开放那些看似遥不可及的建模规则，大幅缩短培养周期，以达到共产阈值，并启动与国家公链的物联网系统。

不是你不能当寡头，而是在二维资本意识中，需要排队等待寡头名额。但是，区块链没有这个限制，所以可以向你展示拉普拉斯建模体系、克莱因瓶拓扑模型、量子纠缠的物种生成理论，以及弦约束、莫比乌斯思维等，这些都是资本意识圈层的“开胃小菜”。这些都给你，然而这不是大度，而是圈层可能有了更高阶的共产意识。

用量子纠缠的理论来构建链民基因，只需要找到两个“粒子”的一个维度上的纠缠即可，就如 ALibaba 找到了两个商业节点在互联网上的行为模型一样，ALibaba 用资本产生稳定的纠缠通信并保持信道通畅。这种在传统中不确定的行为，造就了一个极为稳定的互联网基因。这就是量子纠缠的一个宏观建模可视。

在区块链里，你可以再次简化“粒子”的定义。在操作系统级别内，甚至可以将物作为粒子，并设置一个观察维度，来得到稳定的、物物纠缠的稳定信道。也就是说，外行看到的是，两个物握手后赚了多少钱，有多少可以分给平台；而你作为顶层掠食者看到的是，这个通信信道稳定后的巨大价值流动动能。

这和互联网也有一比：多数人看到的是互联网两个网民的互动能赚多少钱，而平台看到的是这个互动能够产生多少点击率。

本章的设定会为今后的你去除很多“杂草”，但首先要保证你不是

“杂草”。在此前的模块构建，可以看作“实验室测试”，测试的是区块链是不是可以看得见，而目前要测试的是区块链能不能产生价值。

区块链出现在互联网后的坍塌模型，在量子纠缠建模下，是可以找到至少一个有序的链民信道。我用土壤的纠缠诞生种子的比喻告诉过你，如何发现网民的区块链信道[1]。

现在要探讨的是，在前 DOS 时代会出现一个区块链空间，而没有互联网纠缠的世界，也就是只有链民的世界？

从中国区块链的定义看，这种模型是必然存在的，只要在你的私有宇宙中关掉互联网纠缠信道，网民就会发现一个无法进入的“结界”，必须利用其公民基因才能进入。

网民并不会有不适应，原因是你只是其一个副本，他也许在其他互联网副本早就玩腻了，到你这是来寻求新鲜感，这也是古老且有效的商业法则。

就“第六脏器”的铺设范围而言，链民放弃互联网而在你的世界里为你创造价值，几乎是不可能的。

所以，你关掉的一定不是互联网形态，而是网民的量子纠缠信道。例如，你可以设定新的电商规则，让所有网民重新来一次“电商寡头争夺战”。

这就是我认为链民量子纠缠的一个维度上的通信所能反映的价值，类似的信道不能用数字描述，因为数字也有维度，而我们正面对一个维度超越数字描述的结界。也就是说，{0,1} 操作系统的天花板在此刻被击破，我们看到了更广阔的宇宙，呼吸到了别样的气息，思想再一次得到解放。

商业量子计算机、商业量子纠缠通信、中国链物联网操作系统，都是让人肾上腺素爆棚的弦约束方向。你可以随意创造线程，其脚本表现是一个**唯一 ID（时）空间**，空间与空间的纠缠，就是你的物联网

---

[1] 信道的实例，可参阅即将出版的《中国链数据资产和数字货币》。

通信协议接口下的物物通信行为，同时可能会产生量子纠缠信道，并为你打开一个其他人不可企及的时空。这很像黑洞原理，当两个时空在黑洞这个奇点相遇并由于某种作用力发生纠缠后，很可能产生新的时空。这种看似高深的“玄轮”，可以解读很多普遍的微观行为。这是人类超越宇宙的本能之一，我们可以随意改变宇宙的性状，并产生和其他同类的共鸣，进而让别人信服“我的改变是真的（可付费）”。科幻、玄幻、恐怖、漫威宇宙、霍根沃兹、火星男孩……数以亿计的量子纠缠对宇宙的重定义，不断地生成全新的宇宙维度，而且，每一个信道，一旦稳定就不会无缘无故地消失。只要抓住一个稳定的维度，就可以完成你的操作系统的运转模块设计，就可以开启你的“量子通信世界”。

我将我们创造的操作系统定义成了“基于量子纠缠信道通信的信息分发模型”，也就是说，我们已经在为量子时代做准备了，不论是技术的还是商业的，不论是霍金思维还是尼古拉·特斯拉思维，都在开创着一个先贤曾经“看见”的维度。虽然“中国链系列丛书”都是用看似最不受上帝关怀的“商业思维”撰写，但“商业”的灼伤也许是上帝故意留下的钩子，真正的门徒只有在荒原生存下来才能领悟内涵所在。

我正试图开启和尼古拉·特斯拉的量子纠缠通信，因为他是唯一有记载的、不利用任何外设直接可以与任何一个大脑发生量子纠缠的人，不论大脑存于何处，均可以与其建立稳定的信道。

我的脑联网计划必须得到他的指点，“冬日威胁”也必须获得这样的模型，才有可能延续那个脆弱的文明。

我们正联手创建一个高阶文明种族，这个种族在操作系统的代码为链民。

这很可能是人类第一代具备量子通信能力的突变物种，或者，我们现在就可以研发“第六脏器”的升级版——“第七脏器”以完成“外设”的升级。

必须考虑硬件设备的商业切入点了。这不仅是前辈可继承的光辉思想，也是新的量子纠缠脚本商业化的通道。这一次，我们不再为我们的操作系统找容器，区块链拓扑即将大行其道的时代，单一通信协议的操作系统很可能会被量子纠缠为原理的通信协议取代。如果脑联网计划得以实施，那么，根本用不着外设，所有的建筑群落、植物、动物都可能成为外设材料，用以完成信道的建设和通信。

最后，谈谈对 5G 的想法。保守地说，是否在 5G 层面部署物联网硬件终端，还是一个值得商榷的事情，这有点像在 20 世纪 90 年代讨论选择购买 586 还是奔腾一样。你可能明白，技术的边际率还在提升，也许一盏茶的工夫，量子纠缠就来了。

第二十章

“第六脏器”重构

研究黑洞到底有什么用?

如果回到麦克斯韦时代或更早，是不是也会提出“研究电磁学有什么用”的问题?

那要是回答出研究黑洞的用途，是不是也就能获得如电磁学所创造的巨大的商业奇迹?毋庸置疑，如果能回答，那就一定是前无古人的商业奇迹。

研究黑洞很可能与控制时空相关，目的是按照费米悖论将人类提高一个文明档次。这样的说辞不会让资本对我产生任何“意识”，也就是说，目前对黑洞的投资虽然很大，但其目的并不为大众所知。

除了黑洞，世界上还存在着一批“投资很大但不为人知”的项目，我们将它统称为文明阶梯。这个“阶梯”存在着“时空的弯曲”，依然可以用虫洞来实现阶跃。“技术”和“思想”，哪一个更容易弯曲文明阶梯?不要随便选择。

如果将现代文明的载体定义为手机，你同意吗?从商业的维度观察，这个定义非常棒。如果其存在一个连续的发展模型，那么，这就要比研究黑洞的价值靠谱了。因为到现在，我们并不清楚爱因斯坦的宇宙常数死而复生的原因，也不清楚为何有人举着一张蜂窝煤的照片说是黑洞。我一个商人，疯狂指数不会大于凯恩斯。

不过，能够将“现代文明的载体定义为手机，并将其固定在一个维度”是一个创举，因为这是一个量子纠缠的模型，一旦在这个维度出现可纠缠的东西，即找到了阶跃式的新手机，这个新硬件会成为新的外挂脏器。

从麦克斯韦的电磁学通论到手机，时间并不长，但我认为这是“牛顿速度”或是经典速度。手机从通讯维度成长到照相机维度、计算机维度、平板电脑维度、电视维度、收音机维度……仅用了十几年，但这依然是“牛顿速度”。

接下来，可能是“量子速度”。我们希望在手机上创造一个前所未有的维度——**扩展现实（ER）维度**，借此形成全新的“经济模型”。

手机在硬件微小化和通讯速率高速化，以及计算机普适应用脚本化的维度上，出现了“多维商业载体”的局面，但在任何两部手机间都不存在“纠缠”，也就是每个个体的维度都不同，无法满足纠缠的模型。如果我们能够找到一种维度标尺，让所有个体的商业维度相同，就有可能出现大范围“纠缠现象”，其诞生的通信信道就能符合“量子纠缠”的定义。也只有这样的通信信道，才能做到高维价值流动，而不需要人类干预。

我们要开辟一个新的爱因斯坦及薛定谔理论的“维度测试”，将一个指定的商业内容量子定义化，并封装其属性，而后进行纠缠实验。

商业量子，是时代给予的恩赐，让商业、技术、哲学在人类历史上有一次实质性的交汇，让“资本意识”“量子物理”“共产思想”在一个弦约束的矢量内形成一个具备可控维度的商业量子，将货币变得温暖，把技术变得通俗，并在哲学上试着定义费米悖论的高阶文明。

简单寡头的定义由此成为：那些创造商业量子的“疯子们”，用他们设计的中国链云操作系统构建起了类似巴别塔的文明阶梯。

纵观历史，可以自豪地说，所有的百姓体验均是商业的杰作，是商业将“文艺复兴”和“科学大爆炸”两个时期的经典作品、传奇建模、晦涩公式、实验室结论变成了一个又一个的产品，商人的标签加上艺术家、科学家的作品构成了近百年的世界辉煌。就如麦克斯韦和电磁学被万人敬仰一样，谁也没注意到商人和科学造就了“第六脏器”。

我们因循这种“纠缠”，才会发现量子物理、黑洞走入寻常百姓家的真实原因。肯定是商业的精英们又开始翻阅百余年前的卷宗，并从中选出可以作为下一任麦克斯韦的内容，只不过这一次的技术跨度更大，承载这一次变革的空间还没有公布全球化编码。

物联网、脑联网、区块链会成为一组可以探测市场的编码，加上简单寡头的操作系统脚本，即可延展出一个亲民的语境——量子商业，其所有元素都是商业量子，依靠量子物理系统构建出费米悖论的“行星文明”。

如果我们承认电磁学是量子物理的开篇，那么今天的手机就是第一代量子产品。一个小盒子能够完成光速级的稳定通讯，可以做到人人拥有。如果排名恐怖故事，那“手持移动终端的入侵”居于最高位置。

商业依然沿用牛顿和欧几里得的系统，是因为商业可以选择超前的事物进行布局，都会选择很火、覆盖面积很大的灼伤作为传播平台，且不关心平台与技术间是否存在数学冲突。

如果说商业是一个最高效的圈层，你会质疑吗？

商业的高效在于可以构建极为庞大的产业体系，在这个层面（维度），商业绝对是第一位的。

本章将利用商业操作系统的底层模块——产业合作。

参与中国链学习的人，我们称为简单寡头，他和学生的区别在于寡头可以集团作战，寡头可以直接创造产业。

之前的章节是单个寡头在自家实验室里挥汗如雨，从本章开始寡头们将通过量子商业接口，将自己变成一个商业量子，同时合并起来生成一个庞大的产业军团。

我们制定的第一个目标，是对**终端设备市场**制作沙盘。

从物联网的成长路线看，每个联盟链节点均存在“独立的硬件终端需求”，这种终端一定存在“量子 2.0”的构架。（中国链）量子 2.0 是指基于麦克斯韦封装后的可以支持纠缠模式的硬件。目前，基于量子物理的商业终端研究可以用暗流涌动形容，距离“见龙在田”指日可待。

目前，握有区块链、物联网的寡头们可以双管齐下，甚至可以开启一组“风口”建设[1]。所谓双管齐下，是在“推出物联网终端设备和

---

[1] 在即将出版的《中国链数据资产和数据货币》《中国链根服务》中，对风口建设模型有重点介绍。

量子计算机”两个市场维度同时推进，将量子商业的编码写入操作系统的头部。这样，我们就站在了“第六脏器”重构的“山坡的上端”，并和量子硬件一直保持紧密的关系。

下一代硬件一定是量子硬件吗？会不会是生物硬件，如人造神经元？这种想法是CEO思维，而不是寡头思维，寡头并不注重拉普拉斯方程的过程，如果真出现人造神经元或生物硬件，只需更改头部，内核是不会变的。就如所谓5G，不过是一个商业代号而已。

那又为什么是站在了“山坡的上端”，而不是“山坡的顶端”？站在顶端的是创业者，那些天生的冒险者占据了顶端的位置并不断尝试。顶端被量子物理的科学家画像和创业者占满，简单寡头只能在山坡的上端游荡。《易经》云：飞龙在天，山坡的上端是稳定的象征；亢龙有悔，山坡的顶端是变化的象征。

接下来，要对传统硬件做出一种建模层升级。商业口号可以用“墨子终端”来形成一个Ver1.0.0的共识。甚至，华为已经在鸿蒙操作系统嵌入了基于墨子的纠缠服务模块。我真心希望目前的硬件能嵌入量子服务模型，但以现有的企业形态分析，这种可能性还不大，所以需要一个很大的、经常的激励才能形成。虽然有可能企业掌握了技术或模式，甚至连商业口号都有了，但还是按兵不动等待着最大的市场时机的形成。

无论如何，我们要开始准备对“第六脏器”的重构了。所有迹象都显示阈值已过临界点。你的操作系统内，哪怕仅针对5G手机，都必须给出一个类似物联网量子内核的APP开发接口，并且向世界宣布其拥有量子计算机、量子通信的柔性平移能力。或许你的族群目前仅写了一个虚基类，但正是这一小步也让你的族群获得不可超越的优势。

从普通人的角度看，硬件的颠覆是科学的结果；但从商业角度看，硬件的颠覆是标靶的升级。我们可以判断，“第六脏器”绝不是终极形态，它和区块链、物联网的契合度很低，甚至和真正的AI也没契合度，但是其标靶的传播力却很强。由此分析，人类的消费需求正趋于

“不可监测化”，这是引入量子纠缠和量子商业的原因。我们有理由相信，由企业掌控需求发展的模型很可能会“一日崩塌”，这种崩塌很可能来源于“帝国本身”。我们此前一直分析共产模型的行为映射是高维不可控的，此处我们给出一个商业的解：

两个手机持有者的行为，通过一个私有宇宙的操作系统发生了“商业量子纠缠”现象，进而产生了“价值流动”（量子信道通信），而这两部手机的持有者却不知道该结果，没有为此信道的诞生耗费能量。假设此信道的运营由量子接管，就形成了一个最简国家公链赋能，国家公链（量子）、你的族群、操作系统、硬件终端、两个发生纠缠的商业量子均可分享这个信道产生的收益。

这个信道的租用方很可能来自物联网节点联盟链，其将形成一个基于该信道的“克莱因瓶”，蝴蝶振翅与飓风的童话故事是一个四维的拓扑中极为平常的商业元素。

这是量子商业。它们发生在量子终端，量子充当根服务的角色，国家公链给出量子纠缠的必要维度限制，你的操作系统让两个量子按照规则“旋转”，硬件厂商汇合你利用 OEM 的方式渗透所有的用户——联盟链。

量子商业的大小和传统行为无关，就如引力和引力波无关一样。如果将传统经济看作粒子特性，那么量子商业就是纯波动特性。它造成不坍塌的多维结果，会让商业变成数学建模直接价值化的通道。

量子商业的重构，或者说对一个巨型产业的重构，不是从 0 模仿，而是在现有的硬件内率先植入用户钩子，而后利用根服务使其产生商业量子纠缠。

用户钩子可以封装在操作系统内，利用类似 APP 或微信的标靶载体发射出去。

接下来，需要群体集体发力，在量子商业模型下创造并消费需求，同时利用自身的联盟链完成价值的流动和投影。所有元素均在此系统内完成量子化，并建设起纠缠信道，而后打包成一个服务，投放市场和点击率叫板。虽说这个策略俗称“蹭热度”，但它是个连环组合拳。我们可将其在操作系统内的编码写成“Bitcoin 战术 2.0”。Bitcoin 叫板传统金融，没有输，后续的大戏正上演。

叫板点击率，实际上是在消除数据资产点击率化的灼伤。因为我们即将推出真正的数据资产，那些包括点击率在内的传统服务变现的“伪数据资产定义”即将退出历史舞台，它们完成了“数据资产灼伤”任务可以去养老了。

舞台属于我们。叫不叫板点击率，是战术问题，没有输赢。未来，点击率要么资产化，要么被量子取代。利用资产化通路在二级资本市场再一次“大跳”是一种融合战术，看上去是点击率购买了量子服务，实质上是点击率借助量子转化成其他资产形态。这是泡沫理论的一个案例，有兴趣的话可以尝试。

区块链操作系统在群组化和量子化后，也就是摆脱 {0,1} 后，变得无孔不入。这与之前的互联网类似，只是使用的模型更高阶，直接阶跃至量子纠缠形态。但是，你的思绪会变得清晰，或会感到“事情越来越清晰，越来越可操作”，这才是商业的特点。商业在一开始会挡住那些意志不坚定的人，避免他们产生机会成本，到最后会给所有留下来的人一颗蜜糖。

再展开论述一个衍生模型——类第六脏器重构。量子商业模型，其实表现出一种通杀的形态。传统硬件不具备抵抗力，因此你要选择你看好的硬件单元切入，并尝试产生最简商业量子纠缠案例，而后利用联盟链注册至根服务（希望是量子）。此时切忌另辟蹊径，一定要区分联盟链的企业区块和“第六脏器”的区别，如茶适合做企业区块但不适合做“类第六脏器硬件”。

第二十一章

CCG 服务器和 ServerBoss

“目前的计算机能干什么？似乎什么都能干，或者说干什么都可以。不过，按我的分类，计算机只能干三件事——显示文字、播放声音、显示影像。我还发现，70% 以上的需求来自文字、声音和影像。对于鼻子的需求可以利用工控实现，对于嘴的需求拐着弯的也行，但计算机对于人类的文字、影音、声音需求几乎超越想象地满足，并已开始出现‘过营养’现象。很多时候，过营养预示着产业变革或洗牌，玩资本的可以关注互联网应用端的走势，将出现一两个类似 Facebook 的‘资本 + 天真’奇迹。这回的戏码可能是‘王者归来或绝地反击’，Python 可能会被选中，或四大程序语言天王合力出山，总之不会像乔布斯，也不会像扎克伯德。不过，我偏向于‘脚本语言发力智能控制’方向，就是全球的开发者都可以通过卫星信道开发自己的远程行为，并在一个平台销售。按照套路，这样的人才收割模型没必要硬塞进 Google，目前的大企业都不亲民，应该扶持学术派，走温情路线。等过几年出现独角兽模型探测器，通过媒体打造一个‘麦克斯韦 + 霍金 + 比尔 · 盖茨’合体人物，这样的剧本才符合如今互联网富养状态的一种疏导性升级，融合更多的技术和哲学创意，用高速网络直接越过 VR 这个中间试验品，AR 可以出 Python AR2.0，如索尼的‘X 战警的世界大战’……，这不难，投资也不大，但真的很好玩。”

在听这段商业计划描述时，我被茶水噎到好几次。一开始，我以为他是个 Python 不得志的员工，或是 C 实验室的代码达人。后来才发现，他可能是个人物。

自通古斯回来后，我一直处于失落的状态。人不仅瘦了，还有点“沈郎腰”不思茶饭。我最终按要求完成了任务，却没有等到尼古拉 · 特斯拉的量子纠缠信息。也许我真的不是天选之人，只能回到洛杉矶重操旧业，干起 VC。

没想到一回来就听到了这个计划。我忍了再忍，对方是个高手，我必须要让他知道，给关二爷扛过刀的都不是俗人。

那个案例，我最感兴趣的部分是人才收割战略。这完全不同于很多平台的 UGC 收割战略。它的模型可以直接收割许多目前的 UGC 平台，而且会很快、很无情。这个模型绝不是“螳螂捕蝉黄雀在后”，而是降维打击。它很像中国链模型的一个实例，但却对区块链或中国链只字未提，仅说要创造一个互联网新热点。这是我对此人感到敬畏的原因之一。

虽然中本聪在《中国区块链开放定义》中早早地被“吃掉了”，但本质上，那是中国链的一种公链定义战略，“吃掉了”代表公链内核中封装了中本聪模块。

设计中国链云操作系统构件时，将 Bitcoin 定义为 CCG 的首位构架师。[1] 现在我们着重分析它的“游戏部分”，也就是 Bitcoin 的人才收割战略。

给这个晦涩的代码脚本一个项目的壳，应该会更有商业价值。例如，我和你的群组（单个寡头不行）立一个 CCG（China-Chain Game）的项目——【量子密室 V0.0.521190101】。

背景设计可以利用“鸿儒会”提供的线索，不断去寻找各类组件，最终在一个房间内实现一个“不知结果的空间”，在这个空间内可以突破事件和空间的限制，而后发生些什么……

这里，玩家是人才，而不是 UGC 节点或 MCN；组件可能是某个平台提供的产品，任务可以是广告类型的内容。

按照中本聪的 Bitcoin 思路，接下来可能是找到几个希望利用数字货币收割财富的大型企业，将【量子密室 V0.0.521190101】作为核心盈利模式。即：利用数字货币建造区块链应用场景，以企业的资产作为投资背书，让全球的开发者注册成为该公司 CCG 的玩家。

假设有一个叫贝爷的人，愿意投资 1 亿美元做这个游戏平台，那么接下就是开一个发布会宣布规则，拉来贝爷旗下一大批用户的赞助。

---

[1] 关于这个构架和数据资产，可以参阅《中国链数据资产和数据货币》。

假定价值1亿美元的货物，按照2亿美元的资产发布2亿美元的“传奇币”并宣布：每个通过【量子密室 V0.0.521190101】注册审核的玩家都将获得5万个传奇币，并可在系统内流通。注册者要在自己的注册地选择一个空间来完成量子密室的设计，并在规定的期限内提交密室接口，由【量子密室 V0.0.521190101】完成并网，开启其运营接口。全球的玩家将会在4000个CCG服务器内寻找自己对量子世界的渴望！传奇币将在整个玩家系统内形成兑换场景。

4000个量子密室的开发者，4000个具备“克莱因瓶”拓扑能力的高手，就此皈依贝爷。Bitcoin附在贝爷的“传奇币”重新回归市场，如果量子密室分布均匀，全球具备消费能力的城市都将是“传奇币”的场景，大量的传统产品都希望进入量子密室，成为贝爷新平台带有量子纠缠特性的任务道具。

4000个开发者，成为4000个ServerBoss，通过不断上传量子内容的任务或副本，很快成为独角兽训练营的新贵。4000个样貌不一的量子密室，再和贝爷的传统企业+CCG运营平台简单“勾兑”，一个行星级文明很可能就这样诞生。

以上这个脚本，是我送走神秘客人后构思的。商业构成是完整的，至少对多线程刻痕输入来讲，劲道已经很足了。

4000个量子密室，4000个CCG服务器，4000个ServerBoss，真的可以在一夜之间被某种力量直接收割。仅需要使用一些游戏的噱头、电商的营销、孵化器的手段、量子物理的偏执，最终套上Bitcoin的构架，就可以完成一次大规模的产业波动。这才是中本聪和Bitcoin的真正力量所在。

这里不得不提Libra，Facebook将Bitcoin运用到经典世界和欧几里得空间，所以Libra的建模没太大价值，扎克伯德没有意识到Bitcoin是量子世界的模型。这里没有贬低Libra的意思，只是其在数字货币战略上选错了空间，资本意识至少可以在二级资本市场上布一个退出的局，来完成Libra的盈利模型。这是华尔街的人才收割形成的顶层掠食战略，值得学习，但很难再造。

如果感到“贝爷的压力”，证明你心比天高；如果看到“贝爷的希望”，证明你量力而行。不过，【量子密室 V0.0.521190101】不会只有贝爷一个版本，将有 5 ~ 6 个这样的平台组成未来 5 年内坚实的区块链产业入口。

从中国链的多中心定义出发，以上的问题不会存在，但定义不存在与商业不存在不是一个“语境”。商业要面对很多连续性扰波出现的连续性行为映射，它的数学建模都是看上去简单其实很复杂，任何学术定义在商业都不可能完全套用，商业本身是量子状态，而所有坍塌都是经典状态。如果我们将多中心换成多纠缠，就能很好地解释你和贝爷的关系了。

在理论阶段我们用经典铺设标靶，真正到了实际操作阶段我们需要审时度势。这里的“和贝爷产生纠缠”其实是一个模块代码，目前全球范围内并没有真正出现【量子密室 V0.0.521190101】，但你可以先建立类似的量子纠缠系统等待那 5 ~ 6 个通道的链接。

接下来，要引入一个新的量子商业模块——量子商业宇宙的宇称模块。这种设计模型来自公链赋能，之前说的可以最大化获得公链的资源在操作系统里的设计是：

你是公链的一个镜像，同时满足宇称不守恒定律。也就是说你和公链的能量不会相等，这才是量子商业的稳态模型。

此时，对“5 ~ 6”不会再恐惧了吧，因为它并不阻挡你形成足够大的私有宇宙。目前全球传统经济依靠 5 ~ 6 个公链基本上整合完毕，而你可以利用宇称模块完成你的布局。因而在量子商业应期盼【量子密室 V0.0.521190101】的出现，而不是认为被寡头无情斩杀。

根据宇称模块的设定，可以直接获得【量子密室 V0.0.521190101】的镜像，并获得 4000 个 CCG 服务器。反过来说，贝爷也可以获取你的宇宙内的 CCG 服务器来完成其【量子密室 V0.0.521190101】的纠缠通道建设。在你们之间的宇称形成后，用户可以在两个平行宇宙内穿梭，其行为的纠缠能量将大幅增加。利用纠缠和宇称来建设私有宇宙的 CCG 服务器，从传统的观察点看，是完全不可能的事情，但在量子世界看，却是基本规律。

ServerBoss，CCG 中创世纪的物种，在这个合适的季节缓缓走来。之前，我们对它的描述仅是为今天的出场做铺垫，因为，他（她、它）只能出现在量子世界。他（她、它）的存在形态是“波”，而不是“粒子”。这是量子商业特有的一种内核：每个人（粒子状态）都可以有不受限的量子（波）的状态。而 ServerBoss 就是人们的量子状态之一。在现实世界没有任何一个模型可以让你体验到两个波的纠缠而产生的需求反馈。例如，你端起一个茶碗，莫名被卷入一次超时空之旅，你的肉身仍在地球上朝九晚五，而一个星期后一个波向你的货币账户投射了一笔钱。

这是他（她、它）在量子密室中因为你的行为产生的一个纠缠，CCG 的玩家如果想进入 CCG 要先纠缠一个 ServerBoss。目前看，ServerBoss 可以是一个“开发者”，随着剧情的发展又会如何？

显然，我们将简单寡头 ER 化了，他们成为玩家在区块链中的量子状态显影器，并向玩家提供投射服务，如文字投射、影像投射、声音投射等。但是，价值分配模式基于量子模型，也就是传统世界的行为发生点感觉不到。当玩家想要抽取一些 ER 世界的内容来形成大脑的欢愉时，ServerBoss 的映射服务被启动，它可以向用户收取其希望获得的价值，如点击率、行为、货币、智能合约、拓扑接口等，这些在结算端将会由根服务的数据资产管理中心来完成。

我认为，你现在很渴望阅读量子密室的完整版策划，以弄清楚这种普适化教育外的细节，或你在前 DOS 时代待腻了想直接去找贝爷，和他聊一下未来。如果真这么想，恭喜你被植入了 ServerBoss 基站，已经很像一个 ServerBoss 了，你可以穿梭于任何一个时代，用你幽灵般的波段干扰世界的样貌，而你的用户会在你的改变中获得乐趣，并给你最想要的东西。但是，结算是残酷的，你只能先从国家公链领取合法的数据资产，再去寻找你的宝藏。

更不幸的是，你现在还看不到量子密室的完整策划，因为我只负责操作系统构架部分。

还有，谁是你的 ServerBoss 基础？中本聪那个差一点就颠覆全球金融的小游戏，其蕴含着极稳定的量子纠缠信道。或者说，你真的以为目前没有完整的量子密室吗？

我断定，今天下午和我聊天的人就是中本聪。但此时我却不相信我看到的脸是中本聪本来的面容。一段纠结之后，我乐观起来。中本聪是尼古拉·特斯拉送来的第一份礼物。我没有试图再次联系那个其貌不扬的创业者，输给一个奇迹很正常，我就是个想得开的小人物。

回想中本聪提出的方案，我突然想起些什么。

我翻箱倒柜找出一个密码设备，那是一个叫“七哥”的人给我的一份量子密码。我试着接通了必要的信息，结果显影了一个让人眩晕的内容。

我拨通电话，那是一个许久没联系的朋友。我现在需要他的帮助。

第二十二章

量子密室

……

我有一个困扰了很久的问题：

我，一个看上去不太笨的人，虽然上过学，但也至少有一万个公式、定理、方程、算法、理论、知识点是我不知道的，然而我并没有觉得自己无知，这是为什么？

这个问题在我得知 AlphaZero 解读围棋的真谛后，一直活跃在我的大脑里，挥之不去。

最初，我认为 AlphaZero 抛弃了人类认知围棋的方式，并采用了一种“势”。我们假设 AlphaZero 对围棋的破解如下：

在合法规则下，最终占据盘面的位置总和等于一个固定值，如：

执黑 = 190

执白 = 180

那么“势”就是领先对方的一个量，且是常量。这个常量将保证 AlphaZero 不论和谁下棋均是得到“黑 190，白 180”的结果。即 AlphaZero 找到了围棋的解，而不是将围棋看作一个游戏。

这个解的求解过程，可能利用最多 361 组服务器，每组服务器监控一个位置，通过生成一个三维的数据库观察窗，即准备“361 维”棋盘，最终记录下这样一组数据：服务器【3，3】在任何时间微分和“势”分布情况下，可以获得势常量的数据，并存入数据库。

最终，AlphaZero 找到了所有的解。

那么，在围棋范畴看，AlphaZero 不是对手，而是对围棋的理解，给你一个标准解的先知。

以上是对 AlphaZero 的 AI 算法的猜测。那势常量可否利用数学公式和计算机算法求得，或者说，围棋是否真的存在解？

这还让我产生了一个哲学的范式假设：

是不是所有的行为序列都存在一个类似围棋的固定解（假设这个解存在）？我觉得上帝是给过每个人答案的，这个解就是命运。

我被自己的愚蠢弄得哭笑不得，甚至认为自己不真实，因为我发现很多伟大经典的数学模型，其最终的指向都是有这样一个解存在！例如，“熵”似乎是终点。

经过三个月的纠结，我做出了人生最有价值的决定：我想成为上帝第一个 Bug，我想成为一个无解的人。

……

以上是一个知名导演给我看的一个剧本。这是他最想拍的一种电影形式，这种电影是“无界的”，可以随时随地“观看甚至参与”，并直接影响之后的剧本设计和情节。这也是他想做的一个创举，将这种新电影模式称为“独立时空电影”，观影人可以随时创造开始和结尾，电影中的行为也将成为其他消费者的电影时空的一部分。

整个电影需要一组宏观参数控制，不让消费者有过于复杂的行为构建过程，并且会受到一些不可抗力的影响而形成“盈利型结局”。

卡导（导演的称呼）的设计，让我感觉到消费市场的一次“史无前例的爆棚”，我甚至勾画出了观影者从电影院里走出的那种兴奋感。屏幕变成接口，影院、电视、计算机屏幕很可能会因为这种电影的诞生产生巨大的商业升级。这种电影的投资主要取决于智慧，而不是特效和演员。我相信卡导的实力。我突然产生不可压抑的好奇，想见电影剧本的作者。

卡导诡异地笑了，他拒绝了我，并把话题岔开。酒过三巡，送他上车回家的时候，我不经意地问：“电影的名字是什么？”

“《量子密室》。”

卡导没有任何犹豫，随后瘫倒在汽车后座，由司机载着他扬长而去。

从区块链到中本聪，到中国链，到中国链云操作系统，一路走来，你应该发现了一个渐进的商业范式，即定义在中国链根服务中的范式代码——量子商业。

如果你来中国链的目的是赚钱，那很难说服我将如此大的盘子交到你的手上。虽然这件事在开始的时候看上去是包装为“纯教育产品＋圈层建设”的产品，但时至今日，你会发现我们在构建“一座山”。

在本书，你看到了一组构建山的模式——中国链云操作系统模块（教学维度）。虽然很多文字还处于“马后炮”的语境中，但这种语境有一个共有特点：看书的目的不是作者写书的目的。

现在开始，我可能要开始使用一种新的语境来构建之后的文字。毕竟你很可能已经赚到过一些钱，可以谈一些钱以外的事情了。这种语境在操作系统中代码定义为 Orion 语境。是的，我使用了品牌，如果让我找一种可以让你理解的对照，那么最好的对照是 C 语言。

你会发现，我使用的词语是语境，而不是语言。这有历史原因，我认为应该找一个时间剥夺“计算机语言”这个专有名词，将其降维成为“计算机脚本”，人类没必要为一个 {0,1} 就能创造万物的大神赋予“语言”这种三维以上的内容。

不过现在暂时没办法做到，所以只能使用“语境”这个词语暂且屈从。

语境的解释是语言环境，是一种较为固定的信息制作套路，所有人每天都在使用，因而很容易直接生成“量子纠缠信道”。

我们的 Orion 语境是用来生成量子纠缠的，而不是生成 APP 的。例如，卡导的电影如何生成一个纠缠，从而获得用户和票房分账？

还有，计算机语言是计算机操作系统的营销渠道，非常好用，不论开源还是封闭，都使一大批人成为 MCN。

靠编程赚钱者的分布曲线符合泊松分布，赚到钱的网红分布、赚大钱的淘宝商家也符合泊松分布，网游中的收益、P2P、羊毛党等几乎所有在互联网上赚到钱的个体的分布都符合泊松分布。这很简单，但不容易操作，因为简单使得硬通货占据主导地位，大家都喜欢恭维资本意识。从计算机语言开始就是这样。

以上这段话就是 Orion 语境的一种形态，可以慢慢寻找规律，或尽快适应中国链的多中心设定。

为了摆脱简单且高壁垒的模型，所以创造了区块链，并将其作为一个转换接口，一面是泊松分布，一面是量子商业。区块链操作系统在这个矢量上的实例是《量子密室》，一个使用 Orion 语境制作的时空。

如果让你的资本和产品群组来设计《量子密室》，你会从哪个行业切入？是贝爷的，还是卡导的？你的群组准备用多少钱和资源来完成《量子密室》的建设？以上问题在你的心里激发的反应是“你自己的一个决策”，而不是在后文中寻找答案和论述。这是 Orion 语境和马后炮语境的差别之一。

把问题简化一下，如果你想要一个黑箱产品，打算出多少钱？你可以考虑做一个“黑箱工厂”来形成一个 B2B 定制的路子。例如，《区块链量子家园》，一个将自己的家变成量子世界的神奇产品。在商业来看，这是一个纯卖 Orion 语境的产品，就像叫别人使用 C 语言一样。

你可以借鉴贝爷的模式，利用公链吸引一批愿意将自己的家制作成《量子家园》的用户，与此同时要发行一个《量子家园生成手册》，将区块链、物联网、量子商业的模型用房地产模型编写在里面。

这个阶段，一般会出现一个战略决策：

你的系统应对了怎样的需求？

偏门需求，类似艺术品，是钱多的人主观决定的一种花钱方式，偶然性很大。俗语说的“三年不开张，开张吃三年”，就是这种类型的需求。它和其他需求不连续。

激励需求，属于技能技巧型需求，和普适性投资类似，主要面向人力资源市场。

消费需求，一个可以简单描述但无法给出商业定义的需求空间，属于产品市场。消费需求和偏门需求的核心区别是：偏门需求的价值核心是稀缺性，消费需求的价值核心是性价比。

刚性需求，多多少少带有一点悲伤的气息。如果有一天，你的《量子密室》能够将刚性需求变为平均福利，那你一定是一位不世出的人物。刚性需求应该是平均需求，如教育、医疗、养老、居住、环境等，属于社会学范畴，靠目前的商业系统很难平衡。

我们要做一个类似 Office 的需求组件，针对偏门需求、激励需求、消费需求设计一种“粘合剂”类的措辞。这是跳出三界外的设计，即从任何角度看《量子密室》都是一种“类刚需产品”。

在完成需求黑箱设计后，需要开放它的接口部分。在目前的市场状态下，教育产业是放置接口的最佳时机。贝爷模式是一种基于全球教育产业做的一个接口设计。

《量子密室》会以一种带有 PK 性质的技术能力而普及全球的教育环境，并在其中发育成为绚烂的曼珠沙华。

《量子密室》是什么样貌？作为区块链的私人空间，作为量子商业的纠缠通道，作为 CCG 玩家的基地，作为数据资产的流动载体，作为企业区块和物联网的拓扑，它到底会是什么样子？

“一花一世界，一叶一菩提。”

我愿意开放我的一个实验级思路，用于衔接你的私有操作系统的最后一块构件。

让用户把自己的“家”设计成《量子密室》，并利用 Orion 语境设计纠缠维度，也就是开启一个可以提供数据资产相关的量子商业内容探查。

为什么是从“家”开始？为了数据移民。你可以利用量子商业的纠缠特性，在用户完成“家的量子化设计”后，在你的“量子城市内”直接传输一个完全一样的家，但这个位于你私有宇宙的家的量子定义将符合你的私有宇宙规则。

对于用户来讲，其可以同时纠缠多个私有宇宙，并利用 Orion 语境生成多个“家的量子投射”，而你私有宇宙中的支持量子商业的公链接口城市，将容纳所有的投射申请。

这个纠缠行为发生，或用户在家中端起茶杯喝茶，将在不同的宇宙产生不同的结果，甚至会因其中一个宇宙发生坍塌性巨变。

此时，你可能意识到《量子密室》的作者会将自己一同量子化投射进私有宇宙。他会认为自己是 CCG 的玩家，掌控着非常大的场景，甚至进入卡导的电影。但在以你为中心的私有宇宙中很可能是“看不见”这个“人形生物”，你会将这个纠缠中的通信信息解读出来分发给联盟链，产生更多的量子信息。

又有一个高级的事情发生了，那就是谁也不知道“《量子密室》利用量子纠缠向你的宇宙传递了什么信息”，这个信息甚至因观察者不同而出现不同的结果。你有权按照你的弦约束和自由基过滤信息的结果，但你会发现你的宇宙的成长不受你控制，或者说量子商业没有人能做到主控。这个结论很像目前的全球宏观经济，看上去很稳定，其实并不受控。我一直认为，地球的宏观经济就是某个量子纠缠的结果，因此在设计操作系统的根服务模块时，尽力将量子商业约束在我希望的自由基矢量。这种不确定性是一个上帝模块的继承——迷宫混淆器。

这种体验会让 CCG 玩家的兴趣高涨，他们会不断地编写投射行为并扔进你的宇宙，看看到底会产生怎样的巨变。例如，在线购物、电子竞技、读书、吃饭、睡觉、运动，在量子商业内，任何已知行为均会成为游戏的乐趣，而后他们会自然而然地想到“动作组合的投射、多人互动的投射”，区块链 MCN 很快成为一种收入很高的职业。

人类似乎回到了电子游戏诞生的时代，回到了刚有网络的时代，回到了房地产兴起的时代，这种被复苏的行为驱动力会让《量子密室》很快达到现象级，且经久不衰。在此，问一个商业的高级问题，“用户对怎样的新产品最感兴趣？”对未知结果的新产品最感兴趣，甚至毫无抵抗力。购买已知属性产品的原动力是需求，因此会根据自己的喜好和商品的包装进行选择，但购买未知结果的新产品，其原动力是恐惧！人类会不停地购买恐惧造成欢愉，直到对一个未知完全了解，才会失去兴趣，这是商业创新理念的核心课程。

按照这个原则，《量子密室》的所有行为所创造的大批未知，会激起用户极大的好奇和对未知的恐惧，并因此形成量子刚需。想一想，游乐园的娱乐设施，玻璃栈道，这些经典商业中基于恐惧的产品。量子商业的未知是一种无法寻求重点的未知，就如对宇宙的研究一样，一个纠缠可让人类为之兴奋终生。

《量子密室》作为区块的实例，数据地标很容易在其中形成非常受关注的纠缠通道，在完成用户“家注册”后，要引导他们对数据地标发生浓厚的兴趣，如卡导的模式、“漫威在巴黎”、“冬日威胁”。这些捆绑在数据地标上的量子纠缠通道接口，将率先接入《量子密室》，这会让一个注册者升级为开发者，他可以很惬意地观察 Orion 语境，并试着形成和数字地标间的纠缠，也就是向公链发出投射请求。

联盟链正好等在那里，希望利用量子商业搭载产品销售的企业都等在那里，《量子密室》会将联盟链利用其和私有宇宙的纠缠信道，将联盟链带入其投射的私有宇宙，一个物联网在一个私有宇宙的容器内生成了，ServerBoss 登场，他们开始运营《量子密室》所传递的未知和恐惧，并在你的私有宇宙内形成一个矢量上的坍塌。这个结果会让流动价值产生投影，《量子密室》的创造者不知不觉就赚到了钱，还不知不觉纠缠了很多人的财富变化，纠缠的能量不需要货币能量，大家在静态端看到了货币收入的增加。

这真的很像一次混沌的构建，或者说是高级的思想行为艺术。没有触动任何传统经济的利益，甚至将货币流动全部留在了传统的环节，却造就了极大的新经济空间，大量的需求在人们的脑子里“流”出，货币流动增速明显，同时诞生全新的可分配财富。

如果借用宇称理念，将量子商业看作经典商业的一个不守恒的镜像，谁的能量更大很难说。我认为，量子商业才是“本源”，而目前所处的经典经济状态只是量子商业的一个时空镜像。

为了支持这个说法，《量子密室》开放了一个经典商业接口，用来从量子商业内导入信息，并试着影响经典商业的形态。例如，之前引入的 ALibaba 基因，可以试着扰动电商的模式，即在量子端反馈信息后看看电商产业的发展方向。也可以做一个预测，在不同《量子密室》内产生的电商行为是唯一的，不可复制。尝试用《量子密室》的电商模型，使电商产业提升一个档次，也就是将目前的购物方式升级成一种“不确定的量子行为映射”。

第二十三章

摩尔定律扩展

戈登·摩尔（Gordon Moore）以学术平台发布的摩尔定律，造就了巨大的商业成就。除 Inter 外再选两个案例的话，我会选 EDA 和 ARM。EDA 的三巨头：Synopsys、Cadence、Mentor，加上 ARM，在后摩尔定律时代成为左右世界经济发展所需技术输出的巨型寡头。

关于摩尔定律，表面看是一种简单的预测，但其核心内容是要求整个产业链的规划遵循某个节奏，这是一种宏观有序的实例。摩尔定律直接影响了资本意识，这是值得借鉴的宏观发展战略构架。我们有理由认为，当时的资本是按照摩尔定律设计投资与回报的闭环结构，并不断加入看似无序实则有序的创新。这里的典型案例是 EDA。

从这个角度，我们可能看见两个不太一样的样貌：

样貌 1　资本意识、芯片、底层技术标准、指令集、通讯标准、操作系统、数据库、硬件、应用、产业融合。这是摩尔定律下的一种有序。

样貌 1　市场机遇、拿来主义、渠道建设、资本对接、品牌化、集团化、寻找红利点。这是单体奇迹的一个轨迹。

这两种形态是技术为第一生产力和以技术产品为原始积累阶梯的两个“产业形态”。

摩尔定律所表现出的宏观计划模型，是一个 2 年周期模型，它直接影响资本意识。先找一个 6 个月的观察窗来完成最大成本与风险估算，而后制作一个 4 年预测，也就是在第二个周期开始时形成最好的退出和跟进。

整个系统都按照摩尔定律的计划运转。回望摩尔定律 40 多年，其产生的有序体系形成了错综复杂的内部关系。例如，用户购买一部手机，就会向 ARM 付费。但从你我的角度看，技术是第一生产力形成的经济模型，已经达到了文明级别。这个结论也可以从华为得到印证，华为在努力复刻摩尔定律所创造的路线，并希望发生多个奇迹，使其在操作系统、芯片设计、底层标准，甚至云数据库层面，都能够成为世界第一，进而成为后技术文明时代最后的丰碑。

在区块链操作系统设计中，我借鉴了技术操作系统的思维模型，但要用自定义脚本实现。此时的你和我需要这样的“时机”，因为区块链和物联网正在复刻摩尔定律时代，时间仿佛回到了 1975 年。

目前，摩尔定律在计算机领域已基本失效。这意味着计算机技术系统需要封装，市场一定会出现一个模式循环，甚至现在就要试着做一个新的摩尔定律。

> **摩尔定律**——当价格不变时，集成电路上可容纳的元器件数目，约每隔 18 ～ 24 个月增加一倍，性能也提升一倍。换而言之，每一美元所能买到的电脑性能，将每隔 18 ～ 24 个月翻一倍以上。摩尔定律揭示了信息技术进步的速度。

> **Orion 语境模仿结果**——当价值流速不变时，量子纠缠信道内可容纳的商业纠缠数量，约每隔 18 ～ 24 个月增加一倍，其性能也提升一倍。换而言之，每一个单位数字货币能够置换的量子信道服务，将每隔 18 ～ 24 个月翻一倍以上。摩尔定律揭示了量子商业技术进步的速度。

在你的操作系统内，将“Orion 语境模仿结果”写入时钟模块，这是联盟链最底层的智能合约，所有中国链内的元素将因此获得最稳定的宏观计划模板。在一个模板协同工作，就可以复刻“技术文明的构建模型”，甚至可以喊出“量子商业将是第一生产力”的时代性口号。当然，明眼人都会看出，我们模仿了谁。

做一个“新摩尔定律”对于区块链来讲，最大的意义在于开启了**中国链时空时钟**。这个模块的开启代表中国链使用类似“摩尔定律的计划模型”来限制其容器内的所有纠缠，要按照整体的计划规划自己的发展节奏，过快或过慢均会解裂。

假设区块链还有多种环境设定，如果没有自己的摩尔定律，那么将无法形成类似中国链这样的规模化发展态势，也必然会出现类似某些孤岛企业遇到的窘境。

Orion 语境摩尔定律在接口层重构了中国区块链模式中的一个关键词——**合伙模式**。必须承认，其对摩尔定律产生的技术系统合作模式有所继承。不过，中国链、中国链物联网的拓扑结构与技术系统完全不同，其短板在于量子商业还没有很清晰的定义，这使得 Orion 语境摩尔定律在 2019 年无法给出“教科书版本”。当年摩尔定律发布时也没有达到教科书级别，但由于其脱胎于爱因斯坦时代的大量研究成果，可观测性强很多，计划的宏观可控模型也更容易达成共识。

我对 Orion 语境摩尔定律的规范化持有乐观的态度，因为按照全球数字经济发展的态势，各类发布的出现只是时间问题。

在你的私有宇宙操作系统内嵌入“计划时钟”后，你就真的是一个大家庭的一员了，不论你自身的状态如何，整个系统都会按时给你下一阶段的计划。你不必担心会被出局，因为系统的序列不是建立在出局的基础上，而是只要你的节奏是稳的就永远会在系统内获得生存的能量。

仔细观察摩尔定律下的技术系统，分析硅谷一些出局者的属性，你会发现一个值得思考的现象。技术系统发展至今，因产业发展的需要，不断诞生“合适”的巨头，如 Intel、Windows、Google、甲骨文、IBM、APPLE、FaceBook、亚马逊、EDA、ARM，还有一些一直提供稳定服务的企业。数以万计的企业在一个按计划发展的系统内高效运转，并发展到了文明级别。而大量的出局者都存在和系统时钟不匹配的现象，有趣的是他们的大多数是因为“跑得太快了”。摩尔系统存在某种智能的并网和解裂模块，用于保护系统健康发展。

如果你接受，需要国家公链、Orion 语境摩尔定律、量子商业的一个文明级的时光列车作为你人生旅途的载具，你就是一个很浪漫且略显孤僻的人。这是一个中性描述，其含义是你不太了解资本的含义。

一些敏感的简单寡头，正在用某种数学模型设计自己私有宇宙操作系统内的资本意识模块实例了，因为他们发现最先获得摩尔定律计划自由基约束的应该是资本。任何时候，不管是经典商业还是量子商业，我们都不能指望无法与资本发生纠缠的元素去完成资本的构架。为了实现封闭的自由基，必须完成“资本定义（重构）”模块的一个实例，才能在时钟开启后看到完整的“千门八将齐聚”现象。

能帮你做的是确认“什么不是资本”，具体什么是资本、什么是量子资本、什么是数据资产投资，靠你自己了。

基本上，“资本 = 钱”的都可能不适合作为操作系统的资本接口。这里的“钱”带着两个不文明属性：一个是利息，一个是获得利息的时间。在摩尔定律的技术系统内，很多资本，尤其是周期前 6 个月的资本都不带有利息和支付利息时间的属性。

你可以采用“静态资本隔离 + 国家公链背书”的方式构建一种资本进出的全新样貌。因为，区块、MCN、国家公链本身不需要很大的资金成本，尤其是国家公链，其使用资金的目的是完成资产转换。如果未来的国控数字银行开设相关业务，那么在这个层面的投资基本是 0 。

当大量的扩张（广告或渠道）、人力资源、管理、硬件等经典经济的投资需求在量子经济内被去除，投资将变得碎片化，因为其收益来自信道内的纠缠通信，回报是一个完全不可控的值，那么只要有一个合约能够完成该笔资金的资产兑换即可获得其使用权，而这种背书如果能从国家公链获得，则你的量子商业融资模块即可上线测试。

从国家层面看，如果不考虑法的限制，则宏观系统内只有货币流速的参数，就无须考虑流速是如何产生的。不过这种模型一定是不稳定的，由人类自身的缺陷使然。所以，我们花费了很多自己的财富来约束自己的行为，而这笔花销很可能会为你提供巨大的货币金矿，用于构建你的资本接口。此处要看你如何编写智能合约接口。你也会很快发现，在实例层面国家公链可以是一个具备 f（政），f（法）的“空链”。无须将所有的可视搬到公链上，那就不是量子商业了。实例层的国家公链很像是一个量子纠缠，只要能够进入信道，即可获得静态货币的“使用能力”。注意，是使用能力，而不是使用权利。这种使用能力越强，在公链信道内消除维稳的成本就越大，从而获得可投资的静态货币量也就越高。这个过程无须杠杆，因此也无须支付杠杆成本。这种货币很可能使用了其数据（数字）货币属性，也就是说，未触及其在经典商业内的资产交换过程，因此，不会和利息挂钩。

以上关于量子商业资本的论述，是向你说明，在启动 Orion 语境摩尔定律时钟后，需要“同时关注的点”。这种同步操作后续还有很多，每一次同步都会带来一次大的系统扩张。例如，可以预见的同步有：

- ✓ 百城百链（公链实例建设）
- ✓ 中国链教育
- ✓ 中国链 MCN（《量子密室》）
- ✓ 区块和企业区块
- ✓ 中国链物联网
- ✓ 数据资产和数字货币的实例并网
- ✓ 根服务标准委员会
- ✓ ……

量子商业的系统建设会循序渐进地借鉴摩尔定律造就的技术系统，包括标靶病毒的设计、节奏、模块增减、产业增减等。

十年前，我遇见了一个二十出头喜欢画油画的女孩。她在一片胡杨林里建了一个简单的住处，每逢初秋都会独自在洒满胡杨落叶的屋子里小住几日。她从来没有画过一张和胡杨相关的作品。

我问她为什么。她说，看在前世的缘分上，可以讲个故事。

在听完故事后，我完全可以用“被吓到了”来形容。我审视这间屋子中所有的物件，感觉每个物件都可能瞬时间幻化出未知把我吞噬，还有那窗外的胡杨林，每一片胡杨的树叶都让我产生莫可名状的联想。

我警惕地面对姑娘的每一个动作，她“不真实”，甚至觉得自己正在被她转化成其他的粒子被传送到前所未知的空间。

我假装平静地离开了那间屋子。

我还会经常装着喜欢胡杨，在初秋的季节去“偶遇”。只是后来的结果都是，屋子还在，空无一人。

我甚至在那个曾带来异样的屋子里住下，等待某些奇怪的事情发生。

时至今日，一切如常。

第二十四章

承上启下

ERP 的设计思路很先进，只是模式不建立在顶层计划上，所以其只能用于商业化流通，而不能真的成为一个范式。就其内核看，ERP 是想构建一个标准化的企业模型，标准到每一个人工细节都是通用的，进而生成一种“机械化”的产业链建设平台，企业间不再有不对称信息交流，大量成本被节省，产业链构建速度和稳定性甚至比模型都要优秀。ERP 和 Object 均属于大一统类型的设计，只是 ERP 选错了环境。

我不能说明，为什么到现在还没有《企业建设手册》出版，而导致大多数人认为注册一个有限责任公司就是企业。为了今后能够在一个语境交流，有必要先确定企业在商业中的描述：凡是符合 ERP 规范的是企业，其他的都是作坊。企业和作坊没有优劣之分，只是面对的商业规则不一样。

这种分类方式，让我们在选择上实现一个大幅度简化。例如，我们只挑选企业来构建产业链，但会选择作坊去赚钱。ERP 是一个非常好的筛选工具。

从 ERP 可以推断出，区块链思维在 20 世纪就已经有了初级形态的铺设，如果当时铺设的面积足够大且 ERP 的研发处于根服务的层面，那么在 2010 年左右一个基于“企业 2.0”版本的 ERP 就可将大量的企业直接升级为企业区块，而 ERP 服务很可能会升级为物联网服务。同时，大量的作坊也会购买其简化版完成一个“区块链化”的动作，一种基于区块链的新型产业构建模型会让所有的企业都感到 ERP 服务的“不可或缺”。

事实上，造化弄人。互联网这种“模糊不清”的平台大行其道，ERP 并没有形成顶层设计，区块链也没有能够按时接管宏观经济增速的使命。

大胆推测，当年很可能是有一个基于 ERP 完成产业链升级的“摩尔定律”的，只是没有发布，而且由于 ERP 不争气，使得这个宏观愿景没有按时到来。所以，才会有后来的 Bitcoin，或者说会有中本聪重构产业升级模块，这一次他直接抛出了几十年前的项目编码——区块链，从此 ERP 退出大一统工具的行列。

Bitcoin 很可能是隐藏在 ERP 内的一个网络内核，当 ERP 规模足够大的时候直接启动 Bitcoin，形成一个非常高效的货币流转空间，所有企业都将受益，同时企业的资产与 Bitcoin 间会形成一种类似“数字股权”的信用，通过 Bitcoin 完成更大规模的资本合作。

不管我的猜测是否存在，关于中本聪、ERP、Bitcoin 和区块链的客观结论已经形成，同时也证明了区块链和技术系统无关的设定。区块链和摩尔定律是两套可相容的系统，但二者的根服务思维截然不同。

读完本书，你会发现，中国链没有继承 ERP，也就是放弃了 ERP 的标靶设计模型，而改为直接生成私有宇宙操作系统。企业不再被用来作为节点，这也拜互联网所赐，因为企业的模型本身并不完美。

量子商业被引入，区块链从 ERP 时代搭建企业网，变成了基于联盟链的物联网，维度从二维升级到了三维。而原来的企业寡头，在这一次的升级中被更换了代码——**简单寡头**，这是一个多线程刻痕的设计，不再采用单进程灼伤的模型构建市场和需求。

多线程刻痕思维，是建立在量子通讯上的一种思维模型。它突破了通讯的定义，在商业层面的解读是：任何两个个体间的量子纠缠通信均能承载全部的经典商业。

正是在这种思想下，国家公链的定义产生了，这是“企业”不再适合作为区块链节点的一个根本原因。理论上的国家公链是由公民自发建设起来的，其价值系统目前在私有宇宙操作系统内的代码被设定为——**数据资产**，在不同的所有制形态下，国家公链会表现出不同的效率。但是，不管是由政府还是由企业来承担国家公链赋能动作，其工作性质是“在所有稳定的量子商业通道内放置最大值的数据资产，并观测其流动结果”，这种放置会形成一种不可控的拓扑，我们称为私有宇宙。

私有宇宙在继承了国家公链的奇点赋能后，形成了一个“宇称不守恒”的量子商业空间，所有国家公链携带的能量在私有宇宙内均会有不同的坍塌矢量，国家公链可以利用其放置的国控开关来完成宏观计划的矢量约束传输，并屏蔽私有宇宙无序的矢量能量诞生。

简单寡头通过在私有宇宙内安放中国链私有宇宙操作系统来完成和私有宇宙的合作，在目前的阶段（2019—2020 年），私有宇宙很可能通过《量子密室》的 CCG 游戏出现。简单寡头利用自己的能力，大浪淘沙，最终整合出一个量子经济形态，并在其操作系统内完成数据资产的流动和投影。

《量子密室》和 ERP 时代的作坊与企业类似，能够发展成宇宙的会形成很大的拓扑，而多数的《量子密室》会形成副本成为数据移民，ServerBoss 就此诞生，他们携带着优质的副本，穿梭于不同的私有宇宙，并利用该宇宙的规则生成副本实例，ServerBoss 很像是量子纠缠基站的建设者，或许他们都是量子的代理。

大量的企业会看到区块链的“0 成本客户获取能力”，这有些像早期的互联网。但是，企业不再会作为用户端进入区块链，他们将被区块化，其产品将会搭载国家公链进入所有私有宇宙，企业数据资产诞生，企业的量子商业收益也就此诞生。

有一些企业具有前瞻性，他们希望将自己的产品作为量子纠缠通讯的载波放入区块链。这样就会实现在某类量子通信内均使用其数据资产的流动服务。这种思路使区块链拓扑变成了类似“克莱因瓶”的样貌，拥有四维形态，我们将这种拓扑的中心称为**企业区块**，将这样的拓扑称为**联盟链**，区块链 MCN 成为联盟链的“载波实例”，一件货品可以向所有私有宇宙映射的现象出现，一件货品能赚多少钱成为未知数，在量子世界内取决于其四维形态的属性。

量子商业需要和经典商业完全不同的编码体系，非关联性属性和非关联性属性数据库率先在根服务层面开放接口，判断一个行为是否具有“量子性”，判断该行为的属性内是否具备已经注册（达成共识）的非关联性属性。这个数据库的开放，意味着所有个体均可直接生成自己的私有数据资产，一批编写数字地标的人诞生。这批人是区块链开发者的先遣军，就如互联网时代的网页制作人。数字地标在中国，是一个“数据资产国有化”的过程，开发者编写的数字地标在写入自己的签名后，可利用该城市的公链接口登录国家公链，如果该城市没有国家公链接口，可考虑用操作系统的公链重构模块来生成，也就是不管怎样开发者所编写的数字地标都要为其所在的城市产生货币流和税收。这是区块链契约精神的核心之一，任何人都不能破坏。

除了开发数据资产，“贝爷模式”是区块链开发者爆棚的模型。这个现象在互联网时期得到了充分的验证，在区块链为代码的量子商业中，活跃的开发者应该是“量子维度统一的能量源泉”。简而言之，如果两个量子不在一个维度相互逆旋是无法建立起纠缠的，必须要有一个能量来约束两个（或多个）量子符合纠缠的条件，这个约束不能依靠非关联性属性来桥接，或者说非关联性属性自身没有能量。这里需要引入一个巨大的能量源——开发者，开发者可以用规定脚本、私有脚本、资本模型、工作室模型、孵化器模型等方式进入系统，进而形成足够大的能力约束。

当我们将 CCG 作为中国链核心应用来嵌入操作系统时，标志着我们在用“游戏思维”显影量子商业。在区块链商业中 CCG 是所有行为的“共性”，没有 CCG 依附的行为不是合法的行为，因此不会在系统内成为量子通道。我们甚至将经典商业、互联网商业也都定义了“游戏属性”，或者说，我们把所有资产流动的行为全部映射成游戏。这样，我们找到了一个根产业 ——CCG。

假如你因为“游戏”这个词语的偏见，而迷失在电子游戏的陷阱里，那么你一定不是寡头，将“中国链系列丛书”看成说明书并操作的人，才是未来的主宰。

游戏是产业的鼻祖，是经济阶跃的能量，是人类构建社群的模型。游戏是思维的发源，而其终止端如果存在一个纠缠，那么社会就会发生巨变。区块链能否获得书写历史的能量，要看它是否能产生游戏能量。

游戏能量的接收端，通常被称为“用户”，他们是《量子密室》的注册者和玩家，也可能会扮演一些角色。但是，区块链给其最大的游戏刺激是“来自对未知恐惧的需求”，且唾手可得。这也是CCG最高明的手段，它为玩家注入了“对未知生活的渴望，同时只需要打一下响指（致敬Thanos）”。这种游戏模型亘古以来从不存在，人类在老套的成长游戏、家庭游戏、教育游戏、结婚游戏、工作游戏、养老游戏的频段内无助地自娱自乐，每日都在期盼着新的副本到来。如今，区块链来了，这种被压抑后的爆发会让CCG的收益快速攀升。加上区块链对传统生活游戏模块的扰动，世界会再次进入一个令所有人兴奋的时代。这个时代不是互联网带来的“第六脏器”可以比拟的，“第六脏器”本身没有创造新的游戏副本。

CCG会通过联盟链形成自身的“经济系统”，因此产生其唯一一个运营平台——**中国链物联网**，一个以联盟链为节点的拓扑。不否认车联网、万物互联、可溯源等应用使用“物联网”的标签，“物联网”这个词语带有很多意义属性，它比互联网更具体。从修辞讲，“物联网”更像是“互联网”的一个实例，只不过大部分人“灼伤次序”的不可更改性，才会使“物联网”看上去比互联网（计算机网络）更高级。

中国链物联网有严格的边界设定、拓扑模型和商业模式。中国链物联网不是技术系统网络，而是量子商业的经济系统，其承载所有的量子经济，并有一个“投影”发送到传统经济报表。

在《中国链云操作系统重构框架》接近其实例化的此刻，我要告诉你后面一定更精彩。因为你还没有窥探到根服务的幽灵代码，也没有弄清楚你所做的是否是“火种”，也许你还想知道简单寡头自由基的编码内核，甚至开始对区块链Object产生浓厚的兴趣。不过，应该有一股暗流在驱使你继续走向一个莫可名状的量子世界。这股暗流应该是数据资产和数字货币。它看上去似乎能秒懂，但又根本想不明白，也许它从Bitcoin开始就一直困扰着你。

这种从字面直接读出的定义，但是又不知道如何形成模型，是最让简单寡头恐惧的CCG副本，也是最吸引玩家的内容。那么接下来，会有人满足你的愿望，向你展示一个“一直在凝望你的深渊”。

我自身就是哥特式的景观，不是外观，而是气场，甚至包括我走过的胡杨林。

月亮完成了近50%的转身，所有的人物按兵不动。从中卫开始的巨变，到飞升至天空的西安城，从昆仑山的躁动，到承德出奇的安静，一切怪异在这个世界似乎稀松寻常，习惯于这些的居民到底是些什么生物？

终于，有一个人开始有动作，他来自赤壁，马超马孟起！